유아의 주도성, 놀이성, 표현력 신장을 위한

유아 교재·교구 연구 및 지도

이대균

KNOWLEDGE COMMUNITY 공동체

머리말

2019 개정 누리과정이 시행된 이후로 유아교육현장에서는 기존에 소장하고 있던 교재·교구에 대해서 많은 고민을 하고 있습니다. 심지어 어떤 유치원에서는 기존에 소장하고 있던 교재·교구를 폐기 처분하는 사례도 늘고 있습니다. 왜냐하면 기존 교재·교구의 대부분이 유아중심·놀이중심의 교육을 지향하는 2019 개정 누리과정의 취지에 적합하지 않다고 판단했기 때문입니다.

그러므로 이제 대학의 유아교육과에서 개설하고 있는 교재·교구 제작 관련 교과목 수업에도 예전과는 다른 각도에서 강의 내용을 수정할 필요가 있습니다. 새 교육과정(2019 개정 누리과정)의 취지 및 변화된 시대 정신을 반영하여 유아들의 주도성과 놀이성 그리고 표현력을 신장할 수 있는 교재·교구를 제작하는 데 주력해야 할 것입니다. 그러므로 이 책은 다음과 같은 점을 고려하여 집필되었습니다.

첫째, 새 교육과정(2019 개정 누리과정)의 방향에 맞추어 유아들의 주도성과 표현력 그리고 창의력을 신장하는 데 초점을 맞추었습니다. 이전에 출판된 교재·교구 책들은 새 교육과정(2019 개정 누리과정)의 취지에 맞지 않는 닫혀있는 교구(정답을 미리 정해 놓은 교구)를 제시한 것들이 많았습니다. 이 책은 이러한 문제를 개선하기 위해 노력하였습니다.

둘째, 이 책은 본문에 2015 연령별 누리과정을, 부록에는 2019 개정 누리과정을 제시하여 학생들이 연령별 누리과정의 세부 내용을 참고할 수 있도록 하였습니다. 새 교육과정(2019 개정 누리과정)은 교육과정 대강화 방침에 따라 3세, 4세, 5세 연령별 세부 내용을 제시하지 않아 유아교육과 학생들이 연령에 따른 교재·교구의 난이도를 결정하는 데 많은 애로 사항을 가지고 있습니다. 이 책은 이러한 문제를 보완하였습니다.

셋째, 우수한 교재·교구를 탐색해 볼 수 있도록 다양한 사례를 제시하여 학생들이 우수한 교재·교구를 구상하고 제작하는 데 참고할 수 있도록 하였습니다.

넷째, 교재·교구를 유아들에게 소개하는 과정(모의수업)을 상세히 제시하여 유아교육과 학생들의 수업능력 향상을 도모하였습니다.

다섯째, 「유아 교과교재 연구 및 지도법」 교과목을 실제로 강의하기에 적합하게 구성하였습니다.

이 책은 제1부 우수 교재·교구 탐색하기, 제2부 3세아 교재·교구 제작하기, 제3부 4세아 교재·교구 제작하기, 제4부 5세아 교재·교구 제작하기, 제5부 교재·교구 소개하기(모의수업 실행하기), 부록 1 연령별 우수 교재·교구 모음, 부록 2 2019 개정 누리과정의 영역별 내용으로 구성되었습니다.

이 책을 이용한 강의 일정의 예는 다음과 같습니다.

주	강의 내용
1주	**제1부. 우수 교재·교구 탐색하기** **제1장. 교재·교구의 의미 및 중요성** 1. 교재·교구의 의미 2. 교재·교구의 필요성 및 중요성 **제2장. 유아교육을 둘러싼 시대정신의 변화** 1. 학습자 중심 교육 지향 2. 유아의 행복한 삶을 추구 3. 인성교육을 강조하는 2019 개정 누리과정
2주	**제3장. 우수 교재·교구의 특징 및 제작과정 알아보기** 1. 우수 교재·교구의 특징 2. 교재·교구의 제작과정
3주	**제4장. 우수 교재·교구 찾아 분석하고 발표하기**
4주	**제2부. 3세아 교재·교구 제작하기** **제5장. 3세아를 위한 교육과정 내용 이해하기** 1. 2015 연령별 누리과정에서 3세아 신체운동·건강 영역의 내용 2. 2015 연령별 누리과정에서 3세아 의사소통 영역의 내용 3. 2015 연령별 누리과정에서 3세아 사회관계 영역의 내용 4. 2015 연령별 누리과정에서 3세아 예술경험 영역의 내용 5. 2015 연령별 누리과정에서 3세아 자연탐구 영역의 내용 **제6장. 3세아 우수 교재·교구 사례 분석하기** 1. 과일의 겉과 속이 궁금해요 2. 색과 모양

	3. 병원에 가요 4. 얼굴을 꾸며봐요 5. 강아지를 돌봐요 6. 유치원에 다녀왔어요 〈3세아 교재·교구 계획하기〉
5주	〈3세아 교재·교구 제작하기〉
6주	〈3세아 교재·교구 발표 및 평가하기〉
7주	**제3부. 4세아 교재·교구 제작하기** **제7장. 4세아를 위한 교육과정 내용 이해하기** 1. 2015 연령별 누리과정에서 4세아 신체운동·건강 영역의 내용 2. 2015 연령별 누리과정에서 4세아 의사소통 영역의 내용 3. 2015 연령별 누리과정에서 4세아 사회관계 영역의 내용 4. 2015 연령별 누리과정에서 4세아 예술경험 영역의 내용 5. 2015 연령별 누리과정에서 4세아 자연탐구 영역의 내용 **제8장. 4세아 우수 교재·교구 사례 분석하기** 1. 가게에는 무엇이 있을까? 2. 채소의 여행 3. 어서 오세요. 기쁨 토스트입니다! 4. 재미있는 편의점 놀이 5. 달콤 카페 6. 배스킨라빈스 31! 〈4세아 교재·교구 계획하기〉
8주	〈4세아 교재·교구 제작하기〉
9주	〈4세아 교재·교구 발표 및 평가하기〉

10주	**제4부. 5세아 교재·교구 제작하기** **제9장. 5세아를 위한 교육과정 내용 이해하기** 1. 2015 연령별 누리과정에서 5세아 신체운동·건강 영역의 내용 2. 2015 연령별 누리과정에서 5세아 의사소통 영역의 내용 3. 2015 연령별 누리과정에서 5세아 사회관계 영역의 내용 4. 2015 연령별 누리과정에서 5세아 예술경험 영역의 내용 5. 2015 연령별 누리과정에서 5세아 자연탐구 영역의 내용 **제10장. 5세아 우수 교재·교구 사례 분석하기** 1. 동물병원 2. 호빵가게 3. 추운 날 길거리 음식을 냠냠 4. 위험 탈출! 5. 오늘의 요리는 스파게티 6. 어떤 재료가 들어갈까? 〈5세아 교재·교구 계획하기〉
11주	〈5세아 교재·교구 제작하기〉
12주	〈5세아 교재·교구 발표 및 평가하기〉
13~15주	**제5부. 교재·교구 소개하기(모의수업 실행하기)** **제11장. 교재·교구를 소개하는 모의수업계획안 작성하기** 〈모의수업 실행하기〉

※ 한 학기 수업을 하는 동안에 연령별로 3세아, 4세아, 5세아 교재·교구 1개씩을 제작하는 일정입니다.

- ▶ 교재·교구 제작계획서를 2개씩 제출하도록 한 후 학생들과 미리 전화를 이용하여 개별적으로 충분한 시간 동안 학생들이 제출한 교재·교구 계획서에 대해서 협의하고 지도하면 학생들이 만족할 만큼 충분한 지도가 가능합니다.
- ▶ 새 교육과정(2019 개정 누리과정)은 교육과정 대강화 방침에 따라 연령별 세부 내용이 제시되지 않고 있기 때문에 2015 연령별 누리과정을 이용하여 학생들이 연령별 교육내용의 난이도를 가늠하도록 도와줄 수 있습니다.
- ▶ 제작한 교재·교구를 발표하고 평가할 때에는 개별적으로 평가하기보다 전체 학생들 앞에서 자기가 제작한 교재·교구의 우수성을 중심으로 발표하도록 하고 지도하면 학생들이 제작과정에 보다 의욕적으로 참여하며 서로의 작품을 감상하고 평가하면서 많은 성장을 보이게 됩니다.
- ▶ 교재·교구를 소개하는 과정을 모의수업으로 실행할 때는 총 3차에 걸쳐서 모의수업계획안을 작성하도록 하여 단계적으로 수정·보완하도록 지도합니다. 모의수업이 모두 끝난 다음에는 '자기 성찰지'를 작성하여 모의수업 전 과정에 대한 자기반성을 하도록 합니다.

이 책을 통해 학생들의 교재·교구 및 활용 능력이 증진되어 유아들의 주도성과 놀이성 그리고 표현력이 신장되기를 바라며 이 책을 교재로 사용하시는 교수님들의 지도 편달을 부탁드립니다.

2024년 9월

저자 이대균

차례

제5부 | 교재·교구 소개하기(모의수업 실행하기)

부록

제1부

우수 교재·교구 탐색하기

제1장

교재·교구의 의미 및 중요성

1. 교재·교구의 의미
2. 교재·교구의 필요성 및 중요성

제1장

교재·교구의 의미 및 중요성*

1. 교재·교구의 의미

효과적인 교육을 논함에 있어 교재·교구의 필요성은 필수적이다. 특히 문자해득 능력을 비롯한 제 언어 능력이 미숙한 영유아를 대상으로 하는 유아교육기관의 교육환경과 교수–학습 활동에서 교재·교구는 매우 중요한 부분을 차지한다. 이는 유아교육을 전공하는 학생들을 위한 서적에서는 교수매체, 교수자료, 시청각교재 등으로 언급하고 있으며 유아교육기관의 현장에서는 놀잇감 또는 장난감, 유구, 교재, 교구, 활동자료 등으로 불리고 있다.

유아교육기관의 현장에서는 교재와 교구를 같은 의미로 사용하기도 하고 어떤 경우에는 구분하여 사용하기도 하는데 그 개념과 정의가 모호하여 혼동되어 사용되고 있다. 사전적 의미를 살펴보면 교재는 '교수하는 데 쓰이는 재료'이며, 교구는 '효과적으로 학습시키기 위한 모든 기구로서 도서, 괘도, 표본 따위'로 되어 있다. 그러나 교재·교구의 정의를 내리기에 앞서 일체의 교육환경을 다루는 교육공학의 하위 개념인 교수공학 중 교수매체(instructional media)를 살

* 본 장은 이대균·송정원(2020). 『교재·교구 연구 및 지도』의 내용을 재구성하였음.

펴보면, 교수매체란 '교수-학습 과정에 있어 교사와 학습자 간에 서로 정보를 전달하는 매개체'로 볼 수 있다. 교수매체에는 교과서를 포함한 모든 인쇄매체, 실물, 표본, 영화, TV, 게시판, 컴퓨터, 유아를 위한 놀잇감 등이 포함된다.

따라서 교육공학-교수공학-교수매체의 개념체계 속에서 교재·교구를 정의한다면 다음과 같다. 교구란 교육활동에서 매체를 제시(display)하는 구체물로서 영유아들이 학습할 내용과 활동을 연결하여 학습목표를 달성하기 위한 내용을 여러 가지 형태로 제시하는 데 쓰이는 물품이라 할 수 있으며, 이에 반해 교재란 교육목표를 달성하기 위해 영유아들이 학습할 내용이며 각종 정보 제시 기기를 통하여 제시되는 교수자료로 볼 수 있다.

여기에서 '교수내용을 제시하는 구체물 또는 각종 정보 제시 기기'인 교구는 일반적으로 전자장치를 사용하느냐, 아니냐에 따라 투영사기(환등기, 영사기, 오버헤드 프로젝트 등), 방송기기(오디오, 비디오, 레코더, TV 등)의 시청각 기기와 게시판, 칠판, 자석칠판, 융판, 인형극 틀 등의 물품을 말한다. 교재와 교구를 구분하여 사용한다면, 교재는 교수내용 그 자체가 담겨 있는 소프트웨어(software)라 할 수 있고, 교구는 교수내용을 제시해 주는 하드웨어(hardware)라 할 수 있다. 예를 들면, 녹음기 자체나 융판은 교구가 되고, 동물들의 소리가 녹음된 녹음테이프나 동물 그림은 교재가 된다.

교구는 또한 비품이라는 것과도 구별이 되는데, 교구(教具)가 교구(校具)의 의미로 쓰이면 학교에서 사용하는 일체의 물품이 되며, 비품(equipment)이라고도 한다. 시아라(Sciarra)와 도시(Dorsey)는 'equipment'라는 용어 속에 가구와 학습자료뿐 아니라 소모품까지 포함하고 있는데 일반적으로 책상, 의자, 교재장, 주방의 싱크대 등의 비교적 교수-학습 활동에 보조적이고 간접적으로 사용되는 고정적인 물품을 비품이라 한다고 하였다. 그러나 비품이 교수-학습 활동에 직접적인 자료로 사용될 경우에는 교구나 교재라는 용어를 쓰는 것이 더 적절하다. 그 예로 가리개와 책상이 극활동에 사용되었거나 냉장고가 과학활동에 사용되었다면 교구라 칭한다.

영유아를 대상으로 하는 교육에서는 상급학교의 교육처럼 교수-학습 활동이 영유아들의 생활, 또는 놀이와 구별되지 않으므로 의도적인 교수-학습 활동에 쓰이지 않는다고 해서 교구나 교재가 아니라고 할 수 없으며, 교구 그 자체가 학습의 내용이 될 수 있으므로 교재와 교구를 명확히 구별짓는 것은 불합리하다. 또한 자유로운 놀이에 사용되는 흔히 말하는 놀잇감, 장난감, 유구 등도 자연스러운 상황에서의 학습을 유발하므로 교재·교구에 포함되는 것이 바람직하다.

이상의 근거하에 유아교육기관 현장에서의 교재·교구를 통칭하여 심신의 발달을 도모하기 위해 사용되는 모든 자료로서 교사의 집단활동뿐 아니라 자유놀이 시간의 개별활동, 또 실외활동 등에서 사용되고 필요로 하는 것으로 정의할 수 있다. 즉, 영유아들이 등원하는 시간에서부터 집에 돌아가는 시간까지 모든 활동에서 사용되는 자료(예 테이블 게임 자료, 어항, 화분, 훌라후프, 칫솔, 감상용 레코더와 음악파일, 동화자료 등) 모두를 말한다.

2. 교재·교구의 필요성 및 중요성

영유아의 특성과 연관하여 먼저 교재·교구의 필요성을 살펴보면 다음과 같다.

첫째, 유아들은 끊임없는 에너지를 가지고 있다. 따라서 영유아들의 끊임없는 에너지를 발산시킬 대상이 필요한데 그 에너지를 사회가 인정하는 방향으로, 또 보다 발달에 긍정적인 방향으로 발산시킬 수 있도록 하는 것이 바로 놀이이다. 따라서 놀이터와 놀잇감이 필요한데 그것을 유아교육과 관련하여 보면 유아를 위한 활동이요, 활동할 장소이며, 교재·교구인 것이다.

둘째, 영유아들은 무언가를 잘 못할 가능성이 많다. 운동조작 능력이 미숙하고 공간조망 능력이 덜 발달되어 있고 자기중심적이기 때문에 그리고 생활환경이 성인 위주로 되어 있으므로 생활해 가면서 많은 실수와 잘못된 판단을 하기 쉽다. 따라서 다양한 사물을 직접 조작하는 활동을 해보는 경험이 필요하고, 타인의 관점에서 사물과 사건을 바라볼 수 있는 경험, 그리고 성인의 생활환경에 서서히 익숙하게 하는 데 도움이 되는 의도적인 활동이 필요하다. 이에 따른 교재·교구의 예로 미세한 조작이 가능한 교재와 여러 측면에서 생각해 볼 수 있는 게임자료, 일상생활을 실연해 볼 수 있는 극화자료 등을 들 수 있다.

셋째, 영유아들은 자신이 살고 있는 세계에 대해 예민한 흥미를 가지고 있다. 주의의 자연과 사물, 인간관계, 그리고 주변에서 일어나는 사건에 대해 관찰하고 참여해 볼 수 있는 경험이 필요하다. 이를 위한 교재·교구의 예는 살아 있는 동물이나 식물, 표본자료, 그림자료, 모형, 역할놀이 자료, 실제 상황을 축소 모형화한 게임자료, 다양한 문화, 생활양식, 감정, 사회적인 지식에 대한 동화와 동시자료 등이다.

넷째, 영유아들은 성인에 비해 개인차가 크다. 발달 수준, 흥미 등이 매우 다양하므로 개별 수준과 흥미에 따라 선택할 수 있는 단계별로 되어 있는 다양한 교재·교구가 필요하다.

다섯째, 영유아들은 감각운동적 경험으로 세계를 이해한다. 직접 눈으로 보고, 만져 보고, 들어 보고, 냄새 맡을 수 있는 구체적인 교재·교구를 다루어 볼 수 있는 경험이 필요하다. 예를 들면, 네모, 동그라미, 세모 모양 등을 언어나 그림으로만 제시하는 것이 아니라 여러 가지 사물 중에서 둥근 것과 네모난 것, 세모난 것을 찾아보고 만져보는 활동을 통해 여러 가지 모양에 대해 알아보는 경험을 주어야 한다. 이때 여러 가지 모양의 사물, 모형자료 등이 교재·교구에 속한다.

여섯째, 영유아들은 무한한 가능성을 가지고 있다. 영유아의 내면에 지니고 있는 잠재된 가능성을 자발적으로 펼치게 하기 위해서는 촉진제, 매개체가 필요한데 그것이 바로 성인과의 상호작용, 사물과의 상호작용이 자연스럽게 일어날 수 있도록 하는 적절한 교재·교구이다.

이상의 유아의 특징과 교재·교구를 관련시켜 본 것을 근거로 하여 교재·교구의 중요성을 정리하면 다음과 같다.

① 교재·교구는 교육의 내용과 질을 결정한다. 왜냐하면 활동에 있어 적절한 교재·교구는 교사와 유아, 유아와 유아, 유아와 사물 간에 효과적인 상호작용이 일어나도록 돕기 때문이다.

② 교재·교구는 영유아의 활동을 유발하고 자극한다. 활동에 알맞은 교재·교구가 있음으로 해서 영유아들은 활동을 재미있어하고 반복하게 된다. 따라서 행함으로써 배울 수 있도록 하며, 자발적으로 활동할 수 있도록 하여 자발학습이 일어나게 한다.

③ 교재·교구는 영유아의 활동을 심화, 확대시킨다. 교재·교구를 가지고 활동해 보면서 활동의 방법과 내용에 대해 이해하게 되어 내용 이해와 방법적인 면에 대해 능숙하게 하거나 새로운 것을 알게 하고 더욱 알아보려고 하는 동기를 가지게 된다.

④ 교재·교구는 언어를 발달시킨다. 교재·교구를 활용할 때는 영유아에게 활동방법을 언어적으로 소개하게 되며, 활동 중에 교재·교구–유아, 유아–유아, 유아–교사 간에 상호작용이 빈번하게 일어나게 되고 활동 후 결과를 언어적으로 표현하게 되기 때문이다.

⑤ 교재·교구는 신체 및 감각 능력을 발달시키며, 감각욕구를 충족시킨다. 영유아가 교재를 가지고 직접 조작하고, 냄새 맡고, 흔들고, 맛보고, 소리를 들어 보고, 관찰해 보고, 신체로 활동해 보기 때문이다.

⑥ 협동심과 이해성, 양보 등 사회성을 발달시킨다. 교재의 사용 규칙을 지키고 차례를 지킬 줄 알며, 양보하고 협동하는 방법을 알고 지키게 되며 교

재에 따라 알맞은 방법으로 정리·정돈하게 되기 때문이다.

⑦ 표현활동 교재·교구를 활용함으로써 창의성과 예술성 및 표현 능력을 기른다. 여기에서 표현활동 교재·교구란 미술, 음률, 극화, 문학 활동에서 사용되는 도구, 자료, 그림 그리기, 만들기 도구와 자료, 악기, 신체표현에 활용되는 리본·끈·스카프·후프 등, 그리고 동극, 인형극에 필요한 가면, 인형 그리고 동화구연에 활용되는 동화, 구연자료 등을 말한다. 도구나 주위에서 쉽게 구할 수 있는 사물의 적절하고 창의적인 활용을 경험할 수 있도록 하기 때문이다.

제2장

유아교육을 둘러싼 시대정신의 변화

1. 학습자 중심 교육 지향
2. 유아의 행복한 삶을 추구
3. 인성교육을 강조하는 2019 개정 누리과정

제2장

유아교육을 둘러싼 시대정신의 변화

1. 학습자 중심 교육 지향

유아교육과정이란 유아교육의 내용을 의미한다. 그동안 국가수준의 유아교육과정은 우리나라 유아교육의 정체성 확립과 체계적 발전에 기여하여 왔지만 아직도 철학적 검증을 거치지 못한 채, 미래 사회가 요구하는 창조적 창의융합형 인재를 개발하기 위한 노력이 부족하다고 지적되어 왔다. 그리하여 2019년에 제정된 2019 개정 누리과정은 세계적인 학습자 중심 교육과정의 대두와 2015년에 개정된 우리나라 초·중등교육과정의 학습자 중심 교육에 발맞추어 '유아중심·놀이중심'의 교육과정으로 크게 변화를 시도하였다.

임부연 등(2021)에 의하면 핀란드의 국가수준 유아교육과정에서는 놀이중심의 가치관이 교육과정에서 핵심적인 역할을 하고 있으며, 뉴질랜드의 국가수준 유아교육과정에서도 유아 주도의 놀이중심 교육을 원칙으로 하고 있다. 또한 싱가포르의 국가수준 유아교육과정에서는 학습의 촉진자로서의 교사, 의도적인 놀이를 통한 유아 학습 참여를 주요 원리로 포함하고 있으며, 호주의 국가수준 유아교육과정에서도 학습에 대한 자신감과 참여 의지를 강조하고 있다.

유아교육과정은 크게 두 가지의 관점으로 나눌 수 있는데 첫째, 유아에게 가르칠 내용으로 보는 관점과, 둘째, 유아가 유아교육기관에서 경험해야 할 내용으로 보는 관점이다. 2015년에 고시된 3–5세 연령별 교육과정과 달리 2019 개정 누리과정에서는 '구성의 중점' 부분에 국가수준 유아교육과정을 "3–5세 유아가 경험해야 할 내용으로 구성한다"고 명시하고 있다. 그리고 '편성·운영' 부분에 "하루 일과에서 바깥 놀이를 포함하여 유아의 놀이가 충분히 이루어지도록 편성하여 운영한다"고 밝히고 있어 명실상부하게 놀이중심 교육과정임을 분명히 하고 있다.

2019 개정 누리과정의 개정 특성을 요약하면(박찬옥 외, 2020), 첫째, 누리과정 성격을 유치원과 어린이집 공통의 교육과정으로 명시, 둘째, 누락되었던 인간상을 명시하여 교육과정 구성 체계를 확립, 셋째, 기존 구성 방향과 구성 체계 유지 및 5개 영역 내용을 369개에서 59개로 간략화, 넷째, 유아의 주도성을 존중하고 놀이가 살아나는 유아중심·놀이중심 추구, 다섯째, 교사가 수월하게 교육과정을 실행할 수 있도록 누리과정 실행력과 현장의 자율성 강조, 여섯째, 누리과정 운영 개선을 위한 현장 중심의 자율적 평가가 실행될 수 있도록 평가의 간략화로 정리할 수 있다.

학습자 중심 교육의 주요 특성을 첫째, 학습자의 주도성 신장 교육, 둘째, 놀이가 살아나는 놀이중심 교육의 두 가지 측면에서 고찰해 보고자 한다.

1) 학습자의 주도성 신장 교육

학습자의 주도성을 신장하기 위해서는 먼저 학습자의 '자신감'을 길러주어야 한다. 자신감이란 자신이 어떠한 일을 해낼 수 있다는 느낌이다. 자신감은 저절로 생겨나는 것이 아니며 성공한 횟수/시도한 횟수라는 공식으로 설명할 수 있다. 다시 말해서 어떤 사람이 인생의 과정에서 세 가지의 큰 시험에 도전을 해서 세 번 다 성공했다면 그 사람의 자신감은 3/3으로 100%이다. 그러나 세 가지의 시험에서 단 한 번만 성공했다면 자신감은 1/3으로 33.3%가 되는 것이다.

여기서 우리가 유념해야 할 점은 유아들에게 과제를 줄 때 과제를 작게 나누어 주고 쉬운 과제를 주어서 유아들이 성공하는 경험을 많이 갖도록 해야 한다는 것이다.

다음으로 학습자의 주도성을 신장하기 위해서는 학습자가 스스로 판단하여 결정할 수 있는 결정권을 부여해야 한다. 이 세상을 살아가는 동안에 우리는 수많은 문제에 봉착하게 되고 결국은 여러 가지 해결 방안 중에서 하나의 해결 방안을 선택하여야 한다. 그래서 옳은 선택을 하였다면 문제를 효과적으로 해결할 수 있지만 그렇지 못한 경우 실패하는 경우도 있을 수 있다. 판단을 정확히 하기 위해서는 상당히 고차원적이고 종합적인 사고력을 필요로 하게 된다. 이러한 판단력을 길러주기 위해서는 유아가 어릴 때부터 스스로 문제를 해결하고 선택해 볼 수 있는 경험을 많이 할 수 있도록 기회를 마련해 주어야 한다. 가게에서 과자를 고르거나 신발이나 옷 등을 살 때도 본인이 스스로 선택하고 결정해 볼 수 있는 기회를 제공해 주는 것이 좋다. 어떠한 결정을 내리기 위해서 필요한 제반 여건을 충분히 고려해서 합리적인 결정을 해보는 경험의 과정이 필요하다. 그러나 우리나라 현실은 유아들에게 선택하고 결정할 기회를 주기보다는, 유아가 어리다는 이유로 부모가 대신 결정해 주는 경우를 많이 볼 수 있다. 심지어는 결혼 상대를 고르는 경우에도 부모가 결정적인 역할을 하는 경우도 볼 수 있다. 결론적으로 유아의 판단력을 길러주기 위해서는 유아가 자신이 부딪히는 여러 가지 문제를 스스로 해결해 나갈 수 있는 기회를 제공하는 것이 필요하다.

2) 놀이가 살아나는 놀이중심 교육

이번 교육과정은 유아중심·놀이중심이라는 부제를 달 정도로 확실한 특성을 강조하고 있다. 사실상 1969년에 제1차 유치원 교육과정이 고시된 이후로 우리나라 유치원 교육과정 고시문에서 유아중심, 놀이중심이 아니라고 한 적은

한 번도 없다. 그런데 이번 교육과정은 무엇이 다르기에 이전 교육과정은 진정한 유아중심·놀이중심이 아니라고 하면서 이번만큼은 진정으로 유아중심·놀이중심의 교육과정을 실천하여야 한다고 강조하는 걸까?

혹자는 유아교육에 대한 패러다임이 바뀌었다고도 한다. 과연 무엇이 바뀌었다는 것이고 무엇이 이러한 교육과정이 등장하게 된 시대정신이고 사회적인 요구였을까? 유아가 놀이의 주인이 되고 유아의 놀이성이 살아나는 교육, 유아들이 가짜 놀이가 아닌 진짜 놀이를 할 수 있도록, 유아들의 놀 권리가 보장되어야 한다고 강조한다.

잠시 다른 상념에 잠겨본다. 7년째 반려견을 데리고 매일 아파트 단지 안을 산책하면서 저자는 두 가지의 반려견 산책 스타일을 발견하게 된다. 하나는 주인을 따라서 매일 같은 코스를 열심히 걸어가는 반려견이 그 한 무리이고 다른 일부는 반려견이 앞장서고 반려견이 가고 싶은 곳으로 방향을 정하면 주인이 그대로 반려견을 따라가는 스타일이다. 주인보다 앞장서서 가는 반려견은 가다가 서기도 하고 속도를 자기 마음대로 조절하기도 하며 어떨 때는 화단에 들어가 풀냄새를 맡기도 하는 등 자못 여유로워 보인다. 과연 어느 반려견이 더 행복한 산책을 하고 있는 것일까? 반려견도 진정한 산책을 할 권리가 있는 것은 사실이다. 그러나 내가 10마리의 반려견을 데리고 산책을 나갔다면 내가 선택할 수 있는 스타일은 그렇게 다양할 수가 없을 것이다.

평생 아기를 출산해 보지 못한 내가 출산의 고통을 고스란히 100% 이해하기는 어렵다. 마찬가지로 교사를 충분히 경험해 보지 못한 사람들이 20~30명의 유아들을 데리고 유아중심·놀이중심 교육과정을 운영하려 할 때 느끼는 어려움과 고민을 이해할 수 있을까?

그동안 외국에서 들어온 여러 유아교육 프로그램들이 한국에 정착하기 어려웠던 것은 학급당 학생 수의 과다, 교육환경과 자료의 부족, 도움을 줄 수 있는 인적 자원의 한계 등등의 이유가 있었다. 이론적으로 취지가 좋기만 하면 교사들은 어떠한 교수방법도 '신(神)'이 하는 것처럼 수행해 낼 수 있고 수행해야 할 책임이 있다고 주장할 수 있는가? 교사가 전문성을 신장하고 교육적 열정만 있으면 모든 어려움을 극복할 수 있다고 밀어붙일 수 있는가? 1980년대 후반에 시작된 초등학교에서의 '열린교육'을 교육부가 강력히 추진한 결과 결국 흐지부지되었던 과거의 아픈 기억이 떠오르는 것은 또 하나의 기우일까?

2019 개정 누리과정이 의도한 대로 정착되기 위해서는 교사 대 유아 비율, 교실 면적, 실외놀이터 확보 등 기본적 여건의 충족도 마련될 필요가 있다(강은진, 2019). 그 외에 예전에 구입하고 만들어져 자료실에 보관되어 있는 많은 닫힌 자료(?)의 사용은 지양하고 다양한 열린 형식의 구성 자료 사용을 확대하라고 하는 점도 하루아침에 쉽게 실현되기는 어려운 요구이다. 또한 교육의 한 축을 담당하며 자녀 교육의 성패에 자신의 삶의 전부를 올인하고 있는 학부모의 곱지 않은 시선을 무시하기도 힘든 일임에 틀림이 없다.

그러나 우리나라의 공교육을 담당하고 있는 교육자로서 또 예비유아교사로서 우리는 국가적인 차원에서 미래 사회가 요구하는 창의융합형 인재 육성을 위해 고시된 미래 지향적인 교육과정을 잘 이해할 수 있는 교육과정 문해력을 키우고 교육과정을 효율적으로 실천할 수 있는 교육과정 실행력을 증진하기 위해 최선의 노력을 다해야 할 의무가 있다.

최근 누리과정이 개정되면서 그 어느 때보다 교사의 교육과정에 대한 전문성이 요구되고 있다. 국가수준 교육과정이 대강화되면서 교육과정을 상세하게 안내하기보다는 교사의 자율성을 더 많이 강조하고 있기 때문이다. 교사의 자율성은 교육과정을 잘 이해하고 실천할 수 있을 때 발휘될 수 있다(박은혜 외, 2021).

개정 누리과정이 '놀이중심'을 추구한다는 것은 유아의 놀 권리를 보장하고, 유아가 주도하는 놀이를 중심으로 교육과정을 구성하고 운영한다는 것을 의미한다(교육부·보건복지부, 2019). 유아는 놀이하면서 세상을 탐색하고 자신을 표현하며 다른 사람과 교류한다. 또한 유아는 자신의 흥미와 관심에 따라 즐겁게 놀이하는 과정에서 자연스럽게 배운다. 유치원과 어린이집에서는 유아 주도적인 놀이가 충분히 이루어질 수 있도록 교육과정을 구성하고 운영함으로써 유아의 놀 권리를 보장할 수 있다(임부연 외, 2021).

2. 유아의 행복한 삶을 추구

2019 개정 누리과정에서는 누리과정의 성격에 '유아의 전인적 발달과 행복을 추구한다'고 명시하고 있다. 우리나라 유치원 교육과정의 성격에 '행복'이라는 단어가 표기된 것은 이번이 처음이다. 전반적으로 볼 때 1969년 이후의 유치원 교육과정은 유아 개인의 행복을 추구하는 목적을 갖기보다는 타급 학교와 함께 국가 및 사회의 발전과 그 사회에 적응할 수 있는 능력을 길러주는 인재를 교육해 내는 것을 유아교육의 목적으로 보아왔다. 그러나 영유아의 뇌에 행복한 느낌, 사랑받는다는 느낌, 긍정적인 느낌을 심는 것은 그 아이의 일생을 지배할 기반을 잡는다는 점에서 영유아기의 행복 교육은 가장 중요한 일이다(이원영, 2014).

유아교육에서 행복한 삶을 추구하는 교육과정을 운영해야 한다는 논제에 대해서 이병래, 나성식, 박용석, 이대균(2014)의 연구를 중심으로 탐색해 보고자 한다.

1) 행복은 삶의 의미이자 목적이고, 총체적인 목표이다

"행복은 삶의 의미이자 목적이요, 총체적인 목표이다." 아리스토텔레스의 말이다. 하지만 현대 사회적 삶의 환경은 인간의 행복과 거리가 먼 것 같다. 사람들은 건강, 부, 명예, 우정 등을 행복한 삶에 필요한 것들이라고 생각한다. 우리가 아프고 병들어 있을 때에는 건강이 행복한 삶의 가장 중요한 요소라고 생각하고, 가난한 사람들은 부자가 되면 행복할 수 있다고 생각하며, 좋은 친구가 있어야 행복할 수 있다고 말하는 사람도 있다. 그러나 건강하고, 부자인 사람도 그리고 친구가 많은 사람도 불행할 수 있다. 따라서 이러한 것들은 행복의 본질적인 요소는 아니다(정진곤, 2013).

미국에서 격주로 발행하는 경제잡지인 Fortune지는 매년 일하고 싶은 100대 직장(100 Best Companies to work for in America)을 선정하여 발표한다. 그런데 최고의 직장(Best Employer)으로 선정된 회사들의 공통된 특징은, 사람을 존중하는 기업문화, 개인과 조직의 학습과 개발을 존중하는 경영철학을 가지고 있다는 점이다. 물론 좋은 인사제도를 가지고 있지만, 단지 급여나 보너스 수준이 높은 기업들은 아니라는 점을 주목할 필요가 있다. 행복 자체를 행복한 순간이나 시기와 혼동하면 안 된다는 점에서 정진곤(2013)의 주장과 크게 다르지 않다.

그렇다면 '행복'이란 무엇을 의미하는가? 이에 대하여 많은 철학자들도 고민을 하였다. 서구의 철학적 흐름에서 행복의 개념은 크게 본질론적인 접근과 존재론적인 접근으로 나누어 볼 수 있다. 본질론적인 접근에서의 행복은 아리스토텔레스(Aristotle)로부터 밀(J. S. Mill)에 이르기까지 인간 고유의 이성을 기반으로 한 영혼의 활동을 통해 얻어지는 것으로서 덕의 추구, 도덕법칙에의 일치, 또는 정신적인 활동을 통해 획득되는 마음의 즐거운 상태라고 할 수 있다. 이에 비해 존재론적인 접근에서의 행복은 세계 내적인 존재이며 관계적 존재인 인간이 자신과 타인, 나아가 자연과 세계에 대해 갖는 관계형성의 성격에 의해 획득되는 존재의 상태로서 설명할 수 있다. 그러나 오늘날 인간과 세계의 문제, 교육의 문제가 인간이 자신과 타인, 그리고 자연과 세계와의 관계가 분열되고 왜곡된 결과에서 기인한다는 점에서, 행복에 대한 관점은 존재론적인 접근에 근거하여 접근하는 것이 우리의 삶의 문화를 행복하게 하는 데 유용하다.

심리학자들도 인간의 행복에 대하여 많은 관심을 기울여 왔다. 심리학적 관점에서의 행복감은 만족감 또는 기쁨으로 표현될 수 있다. 그런데 만족감 또는 기쁨은 욕구 또는 욕구 충족과 유리될 수 없다. 즉, 욕구 또는 욕망이 충족되는 상태에서 만족감 또는 기쁨을 느낄 수 있고, 만족감 또는 기쁨은 행복감이라고 할 수 있기 때문이다. 인간의 욕구 충족은 매슬로우(Maslow) 이론과 허츠버그(Herzeberg)의 이론으로 설명될 수 있다. 허츠버그는 매슬로우의 욕구이론을 바탕으로 인간 욕구의 2요인 이론을 발표하였다. 인간의 욕구에는 동기요인(motivator)과 위생요인(hygiene factor)이 있는데, 동기요인은 만족요인이라고도 하고, 위생요인은 불만요인이라고도 한다. 동기요인은 건강을 위해 규칙적으로 운동을 하는 것과 같은 요인이고, 위생요인은 질병에 걸리지 않기 위해 손을 씻거나 양치질을 하는 것과 같은 요인이다. 따라서 동기요인의 경우 규칙적으로 운동을 하지 않았을 때 건강에 대한 만족감이 생기지 않을 수는 있겠지만 건강에 대한 불만족 상태까지는 설명하지 않는다. 또한 위생요인은 손을 깨끗이 씻거나 양치질을 할 때 건강위생에 대하여 불만족이 생기지는 않겠지만, 그것이 곧 건강에 대한 만족감으로 설명되지는 않는다. 매슬로우의 욕구이론을 허츠버그 이론에 적용해 본다면, 생리적 욕구, 안전의 욕구, 소속과 사랑의 욕구는 위생요인과 관련이 있고, 자존감 욕구, 자아실현 욕구 등은 동기요인과 관련된다고 할 수 있다. 한편 1998년 '긍정심리학'이라는 용어를 공식적으로 사용했던 셀리그만(Seligman, 2002/2006)은 인간은 개인의 대표 강점을 잘 찾아내고 계발하여 삶을 풍요롭게 하면서, 즐거운 기분을 느끼고(즐거운 삶) 일에 몰입하며(몰입하는 삶) 삶의 의미를 발견할 수 있을 때(의미 있는 삶) 진정한 행복을 누릴 수 있다고 하였다.

한편 사회학적 관점에서도 행복이 논의되어 왔다. 칼 힐티(Carl Hilty, 2007)는 사람은 누구나 행복해지고 싶어 하는 욕구가 있고, 또 어떻게 해서든지 행복해지기 위해 노력한다고 한다. 그에 의하면, 인간의 외적인 행복은 재산, 명예, 삶의 쾌락, 건강, 문화, 과학, 예술 등이 있고, 내적인 행복은 부끄럽지 않은 양심, 덕, 이웃 사랑, 종교, 위대한 사상과 사업에 종사하는 생활 등이 있다. 어차피 행복한 상태에 도달한다는 것은 거의 불가능한 일이지만, 그래도 사람들은 행복을 소망하고 반드시 행복해질 수 있을 것이라고 믿는 경향이 있다. 이처럼 사회학적 관점에서 논의되어 온 행복은 주로 외적 행복 요소였다. 그런데 이와 같은 인간의 욕망에 대하여 루소는 가장 참된 행복이란 욕망을 줄이는 일이라고 일침을 가한다. 그는 계급과 나이에 관계없이 인연이 있는 것이라면 무엇이든지 인간답게 대하여야 하며, 어린 시절의 놀이, 기쁨, 사랑스러운 본능을 사랑하고, 자연이 어린이에게 준 시간을 그대로 부여하라고 주장한다.

인간에게 있어서의 행복이란 실천함으로써 만족스러움을 느끼는 상태이다. 즉, 행복의 본질은 지각의 대상에 대하여 느끼는 만족스러움의 상태를 의미한다. 특정한 무엇인가를 습득, 취득, 획득함으로써 얻어지는 그 '어떤 것'이 아니다. 또한 행복은 상대방에 대한 비교우위를 달성함으로써 채워지는 것이 아니다. 그런 것은 행복으로 느껴지는 환영, 환상일 뿐이다.

'행복은 이미 내 안에 있다. 따라서 행복은 내 안에서 찾아야 한다'는 말은 행복이 곧 삶의 의미이자 목적이고, 행복이 인간 삶의 총체적인 목표라는 것을 함축적으로 표현한 말이라고 할 수 있다.

2) 행복한 삶은 인간이 전인적으로 성장하고 발달하는 기반이 된다

인간의 삶이 행복해야 하는 또 한 가지 이유는 행복한 삶은 인간이 전인적으로 성장하고 발달하는 기반이 된다는 점이다. 영유아기의 발달적 특징에 대한 발달심리학적 연구 결과, 그리고 최근의 뇌생리학적 연구결과들은 영유아기의 정서적 행복감이 그들의 인지적 발달에 매우 중요한 영향요인이 된다는 것을 밝히고 있다. 서유헌(2001; 2005)에 의하면 인간은 출생 시 약 1,000억 개의 뇌 신경세포를 가지고 태어나는데 머리의 좋고 나쁨은 이 신경세포회로의 치밀

한 정도에 따라, 즉 시냅스(synapses)가 얼마나 정교하게 발달하느냐에 따라 결정된다고 한다. 후튼로처(Huttenlocher)의 연구(Nash, 1997 재인용)에서는 인간은 출생 시 대뇌에만 약 140억 개의 뇌세포를 가지고 태어나는데 출생 이후 하나의 뇌세포에는 2,500개의 시냅스가 연결되어 있고, 생후 6개월이 되면 이 시냅스는 18,000개가 될 정도로 성장이 빠르게 진행된다고 주장한다. 그런데 우리에게 더 의미 있는 것은 시냅스가 얼마나 활발하게 연결되는가의 여부는 유아에게 주어지는 정서적 행복감에 의해 좌우된다는 것이다(서유헌, 2001, 2005; Nash, 1997).

사람의 두뇌는 좌반구와 우반구의 양반구가 있는데, 두뇌의 각 반구는 정보를 특수하게 처리한다. 보통 우반구는 이미지, 리듬, 정서 및 직관을 다루는 반면, 좌반구는 세부사항, 언어분석과 언어처리, 그리고 직선적인 패턴을 다룬다. 두뇌는 우반구가 먼저 발달하고, 이후에 좌반구가 발달되며, 이후에 양반구가 서로 교류를 하게 된다(서유헌, 2001). 이러한 연구 결과는 우반구, 즉 정서와 관련된 뇌가 어떻게 발달되었는가에 따라 좌반구, 즉 인지적 뇌의 발달이 영향을 받게 된다는 것을 의미한다고 할 수 있다. 따라서 유아의 행복한 삶은 유아의 인지적 발달과 지적 유능성 발달에 중요한 영향요인으로 작용하게 된다는 시사점을 얻을 수 있다.

또한 행복한 삶은 인간이 정신적, 신체적으로 기분 좋은 상태로 살아가는 데 직접적으로 영향을 미치는 기반이 된다. 기분(氣分)이 좋다는 것은 기(氣)의 분배가 잘 된다는 의미이다. 기가 막힘없이 잘 흐르는 상태가 건강이다. 기분이 좋은 사람이 그렇지 못한 사람보다 건강한 것은 자명하다. 기분이 좋을 때 신경전달물질 세로토닌이 분비된다고 한다(세계일보, 2014. 2. 27).

캐롤 하트(Carol Hart, 2010)는 『세로토닌』이라는 그의 저서에서 세로토닌이 어떤 기능을 하는지를 구체적으로 설명하고 있다. 두뇌 세로토닌의 작용이 높아지면 우리는 더 좋은 기분과 활력을 느끼고 더 나은 능력을 발휘할 수 있게 된다. 반대로 활동이 낮아지면 기분이 저하되고 이 저하가 지속되면서 우울증과 불안, 의욕상실, 피로가 따라온다. 그리고 저하된 기분은 동시에 집중력이나 기억력 하락으로 이어지고 음식갈망을 불러와 과식과 폭식, 거식과 같은 식사장애를 일으키면서 세로토닌 활동을 더욱 떨어뜨리며 이러한 원치 않는 과정은 되풀이된다. 그러면서 다른 모든 정신적, 신체적 질병들을 불러들인다. 좋지 않은 기분, 부정적인 기분은 이토록 해악적이다.

그러나 세로토닌은 대뇌피질에 작용하여 기분을 편안한 상태로 조정하는 역할을 한다. 노르아드레날린이 외부로부터의 스트레스나 자극에 민감하게 반응하고 흥분을 일으키는 것과 반대로 세로토닌은 주변에서 일어나는 온갖 일들 중에서 중요하지 않은 일은 무시하도록 조정함으로써 우리의 기분을 안정되게 한다. 사소한 일에 대한 민감성, 기복이 심한 기분은 세로토닌 시스템의 이상성에서 기인한다고 볼 수 있다.

세로토닌은 인간의 신체적 건강에도 중요한 영향력을 미친다. 세로토닌은 식욕을 컨트롤하고, 두뇌, 심장, 그리고 위장관으로 흐르는 혈액을 수축 또는 확장하면서 혈관의 탄력을 조정하기도 한다. 또한 편두통을 비롯한 만성두통의 문제를 해소하고, 수면-각성 사이클에서도 중대한 역할을 맡고 있다. 특히 편두통이나 군발성 두통의 주요 원인은 혈관수축을 담당하는 세로토닌 수용체의 결핍에서 오는 것으로 오래전에 밝혀졌다는 점에서 설득력 있는 주장이라고 할 수 있다.

캐롤 하트는 세로토닌이 태아의 형성과정에 매우 중요한 역할을 한다는 내용도 소개하고 있다. 태아는 최초의 형성단계에서, 즉 두뇌와 신경계가 생겨나기 전부터 세로토닌 수용체를 개발하는 것으로 밝혀졌다는 것이다. 이 시기의 태아는 세로토닌을 스스로 합성할 힘이 없으므로 모체로부터 태반을 통해 세로토닌을 공급받는 것으로 나타났다. 이 점에서 모체의 세로토닌의 이상성이 태아에게 미칠 영향력에 관한 새로운 연구들이 진행 중이다. 주로 태아가 가진

유전적인 세로토닌 관련 질병들, 예를 들어 자폐와 같은, 아직 원인이 밝혀지지 않고 있는 유전적 질병들의 원인을 찾아낼 수도 있을 것이라는 주장도 제기하고 있다.

행복하다는 것은 기분(氣分)이 좋다는 의미이고, 기분이 좋을 때 신경전달물질 세로토닌이 분비된다. 그리고 이러한 세로토닌은 정서적·인지적 측면에서 활력과 의욕을 고취시키고, 신체적 건강에 매우 중요하게 작용을 한다. 즉, 기분이 좋고 행복하면 각종 호르몬들의 균형이 유지되고, 기분이 좋으면 감정과 정서와 함께 동시다발적으로 일어나는 두뇌 및 각종 신경세포와 생리적 반응들 모두가 긍정적으로 변화함으로써 정서적, 인지적, 신체적으로 건강하고 행복한 삶을 살 수 있다는 것이다.

특히 이러한 현상은 영아기와 유아기뿐만 아니라 태아기까지도 작용하여 영향을 미친다는 점에서, 인간의 성장과 발달과정에서 행복한 삶을 영위하는 것이 얼마나 중요한 것인가에 대하여 깊이 논의되고, 그들의 행복한 삶을 위한 교육의 방향과 과정을 보다 심도 있게 모색하고 실천해야 한다는 과제를 던져주는 것이라고 할 수 있다.

3. 인성교육을 강조하는 2019 개정 누리과정

2019 개정 누리과정의 목적은 "유아가 놀이를 통해 심신의 건강과 조화로운 발달을 이루고 바른 인성과 민주 시민의 기초를 형성하는 데에 있다"라고 밝히며 인성교육을 강조하고 있다.

1) 인성교육의 필요성

김영옥(2014)은 인성교육의 필요성을 첫째, 사회적 변화에 따른 인성교육의 필요성, 둘째, 뇌과학적 측면에서 인성교육의 필요성, 셋째, 미래사회 인재육성을 위한 인성교육의 필요성의 측면으로 나누어 다음과 같이 제시하였다.

(1) 사회적 변화에 따른 인성교육의 필요성

우리 사회는 매우 빠른 속도로 변화되어 왔다. 농경사회, 산업사회를 거쳐 오늘날 정보화 사회에 이르기까지 급격한 성장과 변화를 경험하고 있다. 특히 현대 사회는 포스트모더니즘 사회로 개성과 자율성, 다양성 및 대중성을 강조하는 사회이다. 개성을 강조하며 다양성을 인정해 주는 사회적 분위기가 확대됨으로써 이에 따른 가치관의 혼란도 함께 겪게 되었다. 또한 가정과 학교 교육의 쇠퇴로 도덕성이 약화됨으로써 도덕성 상실, 인간 소외 현상, 비인간화 등 사회문제가 제기되고 있다. 따라서 인간 삶에 필요하고도 중요한 가치 회복에 대한 요구가 많아졌고, 가정과 학교 교육에 인성교육의 필요성이 더욱 부각되었다.

(2) 뇌과학적 측면에서 인성교육의 필요성

최근 신경과학 및 뇌 기반 연구는 뇌 발달과 유아기 인성교육의 관계를 증명하고 있다. 막 태어난 신생아의 뇌 무게는 성인의 25% 정도인 350g 정도이지만 생후 3년 정도가 지나면 뇌의 무게가 1,000g으로 신생아 때와 비교해 약 3배 정도 급속한 성장을 보이게 된다. 뇌의 발달은 연령에 따라 서서히 부위별로 다른 발달과정을 보인다. 만 0~3세는 전뇌가 고루 발달하는 시기로서 이 시기에는 감정 발달이 중요한 시기이다. 또한 뇌 발달은 약 1,000억 개가 넘는 시냅스라는 뇌 신경세포의 연결망이 정교화됨에 따라 결정되므로 이 시기에는 다양한 자극을 통해 뇌 발달의 토대를 마련해야 한다. 만 3~6세가 되면 인간성, 도덕성, 종교성과 관련 있는 전두엽 발달이 이루어지기 때문에 이 시기에 인성교육의 필요성이 더욱 강조되고 있다.

(3) 미래사회 인재육성을 위한 인성교육의 필요성

OECD는 DeSeCo보고서(2003)를 통하여 핵심역량 개념을 제시하였는데, 유아기에 길러야 할 핵심역량으로 다양한 도구를 상호작용적으로 활용하는 역량, 사회적으로 이질적인 집단에서 상호작용하는 역량, 자율적으로 행동하는 역량을 제시하고 있다. 이러한 핵심역량에 대한 제시는 미래 사회가 필요로 하는 인재는 다른 사람을 이해하고 존중함으로써 협동적으로 창의성을 발휘할 수 있는 생산적인 인간상임을 알 수 있다. 이러한 협동적 창의성을 발휘할 수 있는 생산적 인재는 바로 올바른 인성을 가진 사람이다. 따라서 사람과 국가의 생존을 위해 사회에 공헌할 수 있는 성숙한 가치관을 가진 미래의 인재를 육성하기 위해 인성교육이 매우 필요하고 중요하다.

2) 인성교육의 내용과 접근방법

인성교육의 내용이나 접근방법은 한 가지로 정해져 있는 것은 아니다. 학자들마다 다양한 내용을 제시하고 있으나 김영옥(2014)의 연구를 중심으로 제시하면 다음 〈표 2-1〉과 같다.

〈표 2-1〉 인성교육의 내용과 접근방법

내 용	접근방법
기본생활습관 (개인생활, 공동생활)	어릴 때부터 좋은 습관을 기른다.
자아개념 (신체, 정서, 인지, 사회)	자신에 대한 긍정적 생각과 감정을 조절하는 경험을 넓힌다.
대인관계 (조망수용, 의사소통, 절충, 협력)	긍정적인 모델이나 모범을 보며 바람직한 관계를 형성한다.
주도성 (설득력, 성취동기)	다양한 사물과 사물을 경험하여 시야를 넓히고 리더십을 갖는다.
도덕성 (감성, 판단력, 행동)	바른 도덕과 규범을 익히고 내면화하여 도덕적 성향과 판단력을 기른다.

인성교육에서 중요한 내용들을 선정해 보면 크게 기본생활습관, 자아개념, 대인관계, 주도성, 도덕성의 다섯 가지로 나누어 볼 수 있다. 기본생활습관은 어릴 때부터 좋은 습관을 기르고, 자아개념은 자신에 대한 긍정적 생각과 감정을 조절하는 경험을 넓히는 것이다. 또한 대인관계는 긍정적 모델이나 모범을 보며 바람직한 관계를 형성할 수 있으며, 주도성은 다양한 사람과 사물을 경험하여 시야를 넓히고 리더십을 갖는 것이다. 마지막으로 도덕성은 바른 도덕과 규범을 익히고 내면화하여 도덕적 성향과 판단력을 기르는 것이다.

3) 인성교육의 원리

인성교육이 진정한 성과를 거두기 위해서는 다음과 같은 원리를 따라야 한다(김영옥, 2014).

(1) 통합성의 원리

통합성의 원리란 유아교육이 본래 통합적인 특성을 가지고 있지만 그 구심점에는 인성교육이라는 목표가 있어야 함을 의미한다. 기본생활습관이 전 영역에 연관되어 있듯이 인성교육 역시 어떤 특정한 영역만이 아니라 유치원 자체가 교육의 장이 되어야 한다.

(2) 관계성의 원리

인성교육은 다른 어떤 교수–학습보다도 유아와 교사 또는 성인의 관계 속에서 이루어진다. 관계성은 좋은 사람들과의 만남과 그러한 자질을 갖춘 성인들과의 상호작용이 매우 중요하다.

(3) 자율성의 원리

인성교육은 궁극적으로 유아 스스로 바른 가치관을 향해 실천해 나가도록 돕는 과정이다. 그러므로 자율성은 자신을 표현해 보고 일상생활의 문제를 스스로 해결해 보는 경험이 중요하다.

(4) 협동성의 원리

사람은 혼자서 살아갈 수 없는 존재이다. 인성교육 역시 혼자서 습득할 수 있는 지식이 아니므로 협동성은 또래와 성인을 포함하여 서로 협력해 보는 교류의 경험이 필요하다.

(5) 반복성의 원리

인성교육은 계속 반복하여 이루어져야 한다. 바람직한 행동 특성을 학습했다 하더라도 없어져 버리거나 습관화되지 못할 수 있다. 그러므로 반복성은 되풀이되는 연습을 통하여 자신의 특성으로 자리 잡도록 해야 한다.

(6) 동시성의 원리

동시성의 원리란 인성교육은 따로따로 일어나기보다는 동시에 연계되어 이루어진다는 것이다. 예를 들면, 청결은 물건의 정리정돈 및 질서와 연결되고 물건을 함부로 사용하지 않거나 줄을 서는 것도 욕구와 절제가 동시에 연관되어 있다.

(7) 누적성의 원리

인성교육은 일회성이 아니라 쌓여가는 것이다. 누적성은 반성과 탐구를 통하여 내공을 쌓아가듯 시간과 노력의 과정을 통하여 다듬어지고 용량이 늘어나며 정교해지는 것이다.

(8) 지속성의 원리

인성교육은 일정 기간에만 일어나는 것이 아니라 성장하는 동안 꾸준한 노력과 실천을 통해 오랫동안 지속적으로 내면화·습관화되어야 한다.

제3장

우수 교재·교구의 특징 및 제작과정 알아보기

1. 우수 교재·교구의 특징
2. 교재·교구의 제작과정

제3장

우수 교재·교구의 특징 및 제작과정 알아보기

1. 우수 교재·교구의 특징

우수한 교재·교구의 특징을 살펴보면 다음과 같다.

① 연령(발달)적합성

우수 교재·교구는 그 교재·교구를 사용하는 연령의 발달 수준에 적합해야 한다. 우리나라의 유아교육기관은 대부분 연령별로 반편성을 하기 때문에 해당 연령에 적합한 난이도를 고려하여야 한다.

② 흥미성(재미성)

우수 교재·교구는 그 교재·교구를 사용하는 연령의 영유아들의 흥미를 이끌어 낼 수 있어야 한다. 교사가 아무리 열심히 만든 교재·교구라 하더라도 영유아들이 관심을 가지지 않는다면 그 교재·교구는 가치가 없는 것이다.

③ 교육성(효과)

우수 교재·교구는 그 교재·교구를 사용하는 연령의 영유아들에게 교육적 가치, 교육적 변화를 도모할 수 있어야 한다. 일반적인 장난감이 아니라 교육기관에서 사용되는 교재·교구이므로 영유아의 각 영역별 발달에 도움을 줄 수 있어야 한다.

④ 안전 및 견고성

우수 교재·교구는 그 교재·교구를 사용하는 연령의 영유아들이 안전하게 사용할 수 있어야 하며 오랫동안 사용할 수 있을 정도로 튼튼하게 제작되어야 한다. 그리고 사용함에 따라 파손될 수 있으므로 주기적으로 수리를 해야 한다.

⑤ 심미성

우수 교재·교구는 그 교재·교구를 사용하는 연령의 영유아들이 보기에 아름다움을 느낄 수 있도록 심미성을 고려하여 제작되어야 한다. 영유아들은 심미적인 교재·교구를 더 선호하며 이러한 과정을 통해 심미성을 증진시킬 수 있다.

⑥ 보관의 용이성

우수 교재·교구는 그 교재·교구를 사용하는 연령의 영유아들이 스스로 정리·정돈할 수 있을 정도로 손쉽게 조작 가능하게 제작되어야 하며 교실에서 사용이 끝난 교재·교구들을 자료실에 쉽게 보관할 수 있어야 한다.

⑦ 경제성(폐품활용 등)

우수 교재·교구는 그 교재·교구를 사용하는 연령의 영유아들에게 충분한 양을 제공할 수 있도록 경제성을 고려하여 제작되어야 한다. 아무리 좋은 교재·교구라 하더라도 값비싼 재료를 사용해야 한다면 대량으로 만들어 공급하는 데 제약이 될 수 있다.

⑧ 창의성

우수 교재·교구는 그 교재·교구를 사용하는 연령의 영유아들에게 새로운 도전의 기회를 제공할 수 있는 것이 바람직하다. 기존의 교재·교구에 비해 새로운 내용과 새로운 조작 방법을 필요로 하는 교재·교구는 영유아들의 창의성을 증진시켜 줄 것이다.

⑨ 교환 및 반복활용 가능성

생일 케이크 상자 등을 활용하여 같은 그림을 찾는 기억 게임용 교구를 만들 때 그 바탕면을 수시로 바꿀 수 있도록 구성하면 다양한 내용을 다룰 수 있다. 또한 퍼즐이나 블록처럼 여러 번 반복해서 사용할 수 있도록 구성하면 활용 가치를 배가할 수 있다.

⑩ 작품성

교재·교구도 하나의 예술품을 제작하는 것처럼 여러 가지 면을 고려하여 우수하게 만들어진다면 하나의 예술 작품으로 인정받을 수 있을 것이다. 기능 면에서 영유아들의 각 영역별 발달의 신장을 도모할 수 있으며 심미적인 측면이 강조된 교재·교구를 만들어야 할 것이다.

2. 교재·교구의 제작과정

교재·교구의 제작과정을 살펴보면 다음과 같다.

1) 교재·교구 제작계획서의 작성

교재·교구 제작계획서의 예를 제시하면 다음과 같다.

만 5세 교재·교구 제작계획서

<table>
<tr><td>생활주제</td><td>겨울</td><td>주제</td><td>크리스마스</td><td>연령</td><td>5세</td></tr>
<tr><td>교구명</td><td colspan="2">선물을 배달해요</td><td>흥미영역</td><td colspan="2">수·조작영역</td></tr>
<tr><td>교육과정
관련요소</td><td colspan="5">• 사회관계 〉 더불어 생활하기 〉 약속과 규칙의 필요성을 알고 지킨다.
• 자연탐구 〉 생활 속에서 탐구하기 〉 물체를 세어 수량을 알아본다.
• 의사소통 〉 읽기와 쓰기에 관심 가지기 〉 주변의 상징, 글자 등의 읽기에 관심을 가진다.</td></tr>
<tr><td>기대되는
효과</td><td colspan="5">• 간단한 덧셈과 뺄셈을 하며 수의 개념을 익힐 수 있다.
• 보드게임을 진행하며 반복되는 규칙성을 이해하고 상황을 예측할 수 있다.
• 여러 사람들과 함께 협동하는 방법을 배울 수 있다.</td></tr>
<tr><td>재료</td><td colspan="5">하드보드지, 펠트지, 글루건, 목공풀, 보슬이, 까슬이, 커터칼, 자, 유성매직, 리본끈, 안 쓰는 카드 재활용, 바늘, 실, 솜, 아이클레이</td></tr>
<tr><td>제작방법</td><td colspan="5">① 하드보드지를 잘라 게임판을 만든다(가로 40cm×세로 30cm).
② 게임판을 펠트지로 감싸고 붙여서 꾸며준다.
③ 시작 부분을 기준으로 타원형을 그리며 게임 푯말을 만들어 준다. 이때 보슬이를 붙여주어 게임 말이 잘 붙었다 떨어졌다 할 수 있도록 한다.
④ 게임 푯말 곳곳에 펠트지를 잘라 만든 선물 그림을 골고루 붙여준다.
⑤ 골인 지점에 트리와 굴뚝이 있는 집, 춥게 입은 아이들 모형을 만들어 준다.
⑥ 이때 모형은 하드보드지로 단단한 틀을 만든 뒤 펠트지를 감싸서 만들어 준다.</td></tr>
</table>

⑦ 트리와 집, 아이 모형이 평면이 아닌 입체적으로 세워질 수 있도록 하드보드지로 받침대도 만들어 준다.

⑧ 굴뚝 있는 집은 선물이 들어있는 산타 주머니가 들어갈 수 있도록 지붕이 열리게 제작한다(지붕을 뚜껑 형식으로).

⑨ 아이 모형을 제작할 때 얇은 옷만 입은 상태로 제작을 하며 게임 중 옷들을 붙일 수 있도록 몸통과 머리, 목, 손, 발 부분에 보슬이를 부착해 준다.

⑩ 아이 모형에 붙일 옷가지들은 펠트지를 잘라서 만든 뒤 뒷면에 까슬이를 부착해 준다.

⑪ 산타 주머니 모양으로 펠트지를 자른 뒤 바느질을 하여 선물카드에 제시된 실제 선물들을 넣어 보관할 수 있도록 한다.

⑫ 이때 입구는 리본끈을 지그재그로 넣어 좁아졌다 넓어졌다 할 수 있도록 한다.

⑬ 양말 모양으로 자른 펠트지를 바느질하여 가져온 카드를 보관할 수 있는 주머니를 두 개 만든다. 이때 색은 각각 다르게 하여 팀을 구별한다(빨강/ 초록).

⑭ 재활용 카드를 펠트지로 감싸고 꾸며서 게임에 사용되는 선물 카드를 제작한다(가로 5.5cm×세로 8.5cm)×10개(털모자, 목도리, 장갑, 부츠, 외투–각각 두 개씩)

⑮ 게임말은 아이클레이를 이용해 산타 미니어처 모양을 제작한다. 이때 아래에 까슬이를 붙여 게임판에 잘 부착되도록 한다(총 4개 제작, 2개씩 색깔을 다르게 하여 제작).

⑯ 주사위는 하드보드지로 전개도를 만든 뒤 틀을 제작하고 펠트지로 감싸서 제작한다.

⑰ 선물 카드를 보관하고 꺼내는 선물상자는 하드보드지로 전개도를 만들어 펠트지를 감싸서 제작한다(가로 10cm×세로 10cm×높이 5cm).

⑱ 상자를 리본으로 감싸서 진짜 선물상자처럼 꾸며준다.

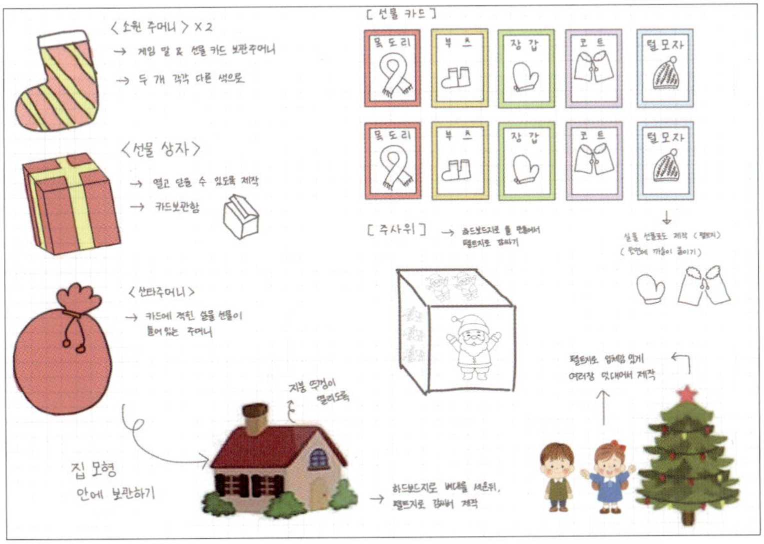

활동방법	① 동일한 인원수로 두 팀으로 나누고 각 팀은 양말 주머니를 하나씩 가져간다(개인전 가능). ② 각 팀의 게임 말을 출발선에 둔다. ③ 카드를 섞어서 선물 상자 안에 뒤집어서 둔다. ④ 가위바위보를 통해 팀 순서를 정한 뒤, 주사위를 던져서 산타의 수만큼 이동한다(예 산타 3명이면 3칸 이동). ⑤ 이동 중 선물표시 영역에 도달했을 경우 선물상자 안에 있는 카드를 한 장 가져간다. ⑥ 뽑은 카드는 한 바퀴를 돌기 전까지 자신의 팀의 양말 주머니 안에 보관한다. ⑦ 한 바퀴를 돌아 출발지점에 다시 돌아오면 그동안 모은 카드를 실제 선물과 바꿀 수 있다. ⑧ 보드게임 도중 이미 가지고 있는 카드를 또 뽑을 경우 무효처리가 된다. ⑨ 실제 선물은 게임판 가운데 집안의 산타 주머니 안에 있다. ⑩ 바꾼 선물은 게임판에 있는 인형에게 입혀줄 수 있다. ⑪ 제일 먼저 인형에게 따뜻한 겨울 옷을 입혀준 팀이 승리한다.
참고문헌	개인 창작

2) 교재·교구의 제작

교재·교구 제작계획서가 완성되면 지도교수의 지도를 받아 수정보완 한다.

3) 교재·교구 작품설명서 작성

교재·교구 제작이 완료되면 교재·교구 작품설명서를 작성한다. 작품설명서의 예는 다음과 같다.

만 5세 교재·교구 작품설명서

<table>
<tr><th>생활주제</th><td>사계절</td><th>주제</th><td>겨울 (크리스마스)</td><th>연령</th><td>5세</td></tr>
<tr><th>교구명</th><td colspan="2">선물을 배달해요</td><th>흥미영역</th><td colspan="2">수·조작영역</td></tr>
<tr><th>교육과정 관련요소</th><td colspan="5">• 사회관계 〉 더불어 생활하기 〉 약속과 규칙의 필요성을 알고 지킨다.
• 자연탐구 〉 생활 속에서 탐구하기 〉 물체를 세어 수량을 알아본다.
• 의사소통 〉 읽기와 쓰기에 관심 가지기 〉 주변의 상징, 글자 등의 읽기에 관심을 가진다.</td></tr>
<tr><th>기대되는 효과</th><td colspan="5">• 간단한 덧셈과 뺄셈을 하며 수의 개념을 익힐 수 있다.
• 보드게임을 진행하며 반복되는 규칙성을 이해하고 상황을 예측할 수 있다.
• 여러 사람들과 함께 협동하는 방법을 배울 수 있다.</td></tr>
<tr><th>재료</th><td colspan="5">하드보드지, 펠트지, 글루건, 목공풀, 보슬이, 까슬이, 커터칼, 자, 유성매직, 리본끈, 안 쓰는 카드 재활용, 바늘, 실, 솜, 아이클레이</td></tr>
<tr><th>제작방법</th><td colspan="5">〈제작방법〉
① 하드보드지를 잘라 게임판을 만든다(가로 40cm×세로 30cm).
② 게임판을 펠트지로 감싸고 붙여서 꾸며준다.
③ 산과 눈을 펠트지로 덧붙여주며 표현한다.
④ 시작 부분을 기준으로 타원형을 그리며 게임 푯말을 만들어 준다(흰색 펠트지로 눈처럼 표현한다).
⑤ 게임 푯말 곳곳에 펠트지를 잘라 만든 눈사람 그림을 골고루 붙여준다.
⑥ 전개도 중앙에 리본으로 × 표시를 해두어 카드를 놓는 자리를 만들어 준다.
⑦ 게임판 가운데에 트리와 춥게 입은 아이들 모형을 만들어 준다.</td></tr>
</table>

⑧ 이때 아이들 모형은 하드보드지로 단단한 틀을 만든 뒤 펠트지를 감싸서 만들어 준다.

⑨ 트리는 천을 삼각형 모양으로 잘라 바느질하고 안에 솜을 채운 뒤 오브젝트로 트리를 꾸며준다.

⑩ 트리와 집, 아이 모형이 평면적으로 세우는 것이 아니라 입체적으로 세워질 수 있도록 하는데, 아이 모형의 경우 세워질 수 있도록 삼각형의 받침대도 제작한다.

⑪ 아이 모형을 제작할 때 얇은 옷만 입은 상태로 제작한다.

⑫ 아이 모형에 붙일 옷가지들은 펠트지를 잘라서 만든 뒤 뒷면에 까슬이를 부착해 준다.

⑬ 빨간색 펠트지를 직사각형으로 잘라 입구 부분을 리본으로 매듭지어서 산타 주머니를 만들어 준다(카드보관함).

⑭ 이때 입구는 리본끈을 지그재그로 넣어 좁아졌다 넓어졌다 할 수 있도록 한다.

⑮ 양말 모양으로 자른 펠트지를 바느질하여 가져온 카드를 보관할 수 있는 주머니를 두 개 만든다. 이때 게임말의 색들로 하트 표시를 붙여서 팀을 구별한다.

⑯ 양말 모양 펠트지를 오릴 때 입구에 선물 카드들이 들어갈 수 있도록 폭을 설정한다.

⑰ 재활용 카드를 펠트지로 감싸고 꾸며서 게임에 사용되는 선물 카드를 제작한다(가로 5.5cm×세로 8.5cm)×10개(털모자, 목도리, 장갑, 부츠, 외투-각각 두 개씩)

⑱ 게임말은 DIY 캐릭터 만들기 키트를 활용하여 요정 두 명을 만들어 준다. 이때 아래에 까슬이를 붙여 게임판에 잘 부착되도록 한다(총 2개 각자 색을 다르게 제작).

⑲ 주사위는 하드보드지로 전개도를 만든 뒤 틀을 제작하고 펠트지로 감싸서 제작한다.

⑳ 모서리 부분에 털실로 감싸주어 깔끔하게 마무리한다.

㉑ 선물들(겨울 옷가지들)을 보관하고 꺼내는 선물상자는 하드보드지로 전개도를 만들어 펠트지를 감싸서 제작한다(가로 10cm×세로 10cm×높이 5cm).

㉒ 상자를 리본으로 감싸 진짜 선물상자처럼 꾸며준다.

활동방법

① 동일한 인원수로 두 팀으로 나누고 각 팀은 양말 주머니를 하나씩 가져간다(개인전 가능).

② 각 팀의 게임 말을 출발선에 둔다.

③ 카드를 섞어서 게임판 × 표시 위에 뒤집어 둔다.

④ 가위바위보를 통해 팀 순서를 정한 뒤, 주사위를 던져서 산타의 수만큼 이동한다(㉠ 산타 3명이면 3칸 이동).

⑤ 이동 중 선물표시 영역에 도달했을 경우 게임판 위에 있는 카드를 한 장 가져간다.

⑥ 뽑은 카드는 한 바퀴를 돌기 전까지 자신의 팀의 양말 주머니 안에 보관한다.

	⑦ 한 바퀴를 돌아 출발지점에 다시 돌아오면 그동안 모은 카드를 실제 선물과 바꿀 수 있다. ⑧ 이때 선물은 빨간색 선물 상자 안에서 가져간다. ⑨ 보드게임 도중 이미 가지고 있는 카드를 또 뽑을 경우 무효처리가 된다 (예 목도리 카드를 가지고 있는데 또 목도리 카드가 나올 경우, 뽑은 카드 다시 반납) ⑩ 바꾼 선물은 게임판에 있는 인형에게 입혀줄 수 있다. ⑪ 제일 먼저 인형에게 따뜻한 겨울 의류를 입혀준 팀이 승리한다.
참고문헌	개인 창작

제4장

우수 교재·교구 찾아 분석하고 발표하기

제4장

우수 교재·교구 찾아 분석하고 발표하기

학생들이 기존에 제작한 우수한 교재·교구를 찾아 분석해 보고 PPT를 만들어 발표하면 우수한 교재·교구에 대한 안목을 형성하는 데 도움이 된다. 구체적인 사례를 소개하면 다음과 같다.

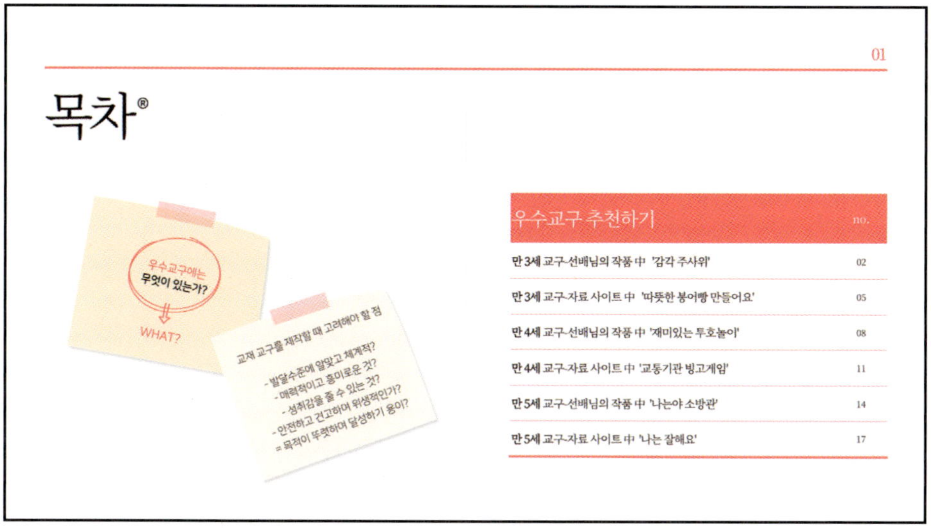
01
목차®
우수교구에는 무엇이 있는가?
WHAT?
교재 교구를 제작할 때 고려해야 할 점
- 발달수준에 알맞고 체계적?
- 매력적이고 흥미로운 것?
- 성취감을 줄 수 있는 것?
- 안전하고 견고하며 위생적인가?
= 목적이 뚜렷하며 달성하기 용이?
우수교구 추천하기 no.
만 3세 교구-선배님의 작품 中 '감각 주사위' 02
만 3세 교구-자료 사이트 中 '따뜻한 붕어빵 만들어요' 05
만 4세 교구-선배님의 작품 中 '재미있는 투호놀이' 08
만 4세 교구-자료 사이트 中 '교통기관 빙고게임' 11
만 5세 교구-선배님의 작품 中 '나는야 소방관' 14
만 5세 교구-자료 사이트 中 '나는 잘해요' 17

따뜻한 붕어빵을 만들어요
만 3세
우수교구 추천
감각 주사위

01. 만 3세 교구-선배님의 작품 中 02

만 3세

감각 주사위

흥미영역 수 · 조작영역

생활주제 동식물과 나 주제) 궁금한 동식물

누리과정 관련요소

Ⅰ 신체운동·건강 > 신체활동 즐기기 > 신체 움직임을 조절한다
Ⅴ 자연탐구 > 생활 속에서 탐구하기 > 물체의 위치와 방향, 모양을 알고 구별한다

기대되는 효과

· 눈과 손의 협응력을 기르고, 소근육 발달을 돕는다.
· 색과 도형에 관심을 갖는다.

① 하마 입에 음식 넣어주기 ② 곰에게 단추 옷 입혀주기 ③ 거미줄 연결하기
④ 무당벌레 무늬 붙이기 ⑤ 색깔 애벌레 ⑥ 강아지 리본 묶기

재료: 펠트지, 바느질 도구, 스펀지, 지퍼, 단추, 똑딱 단추, 솜, 리본끈, 신발끈, 벨크로 테이프 등

01. 만 3세 교구-선배님의 작품 中 03

감각 주사위

활동 방법

① 하마 입에 음식 넣어주기 : 하마 입을 지퍼로 열고 닫으며 음식을 넣어주는 활동을 한다.
② 곰에게 단추 옷 입혀주기 : 곰 옷에 달린 단추를 잠구고 열어 보는 활동을 한다.
③ 거미줄 연결하기 : 거미줄에 달린 끈을 이용하여 거미를 둘러보고, 묶어보는 등의 자유로운 활동을 한다.
④ 무당벌레 무늬 붙이기 : 무당벌레 등에 똑딱 단추를 이용하여 무늬를 붙이고 떼보는 활동을 한다.
⑤ 색깔 애벌레 : 애벌레의 몸통 부분을 직접 만들어 보는 활동을 한다.
⑥ 강아지 리본 묶기 : 강아지 옷에 달린 리본을 묶어보는 활동을 한다.

훌륭한 점

01 연령의 적합성 30% '색깔 애벌레'처럼 만 2세도 조작이 가능한 부분부터 높은 자조 기술을 요구하는 '리본묶기'까지 그 난이도가 다양하여 같은 연령에도 개별차가 있는 유아들이 모두 놀이할 수 있다. 더불어 하나의 교구에 단계적인 계열성이 존재한다.

02 교육적 효과성 50% 일상생활에 필요한 자조기술을 익히는 데 그 목적이 뚜렷한 교구이다. 유아는 이를 통해 기본생활습관을 놀이로 기를 수 있다.

03 안전 및 견고성 90% 모서리가 날카롭거나 뾰족하지 않고, 꼼꼼한 바느질로 펠트지가 떨어지지 않도록 하였다. 주사위 안을 스펀지로 채워 떨어져도 유아가 다치지 않도록 만들었다.

04 보관의 용이성 70% 주사위 형태의 6면을 모두 활용하여, 별도 바구니 없이 교구만으로 보관이 가능하도록 하였다.

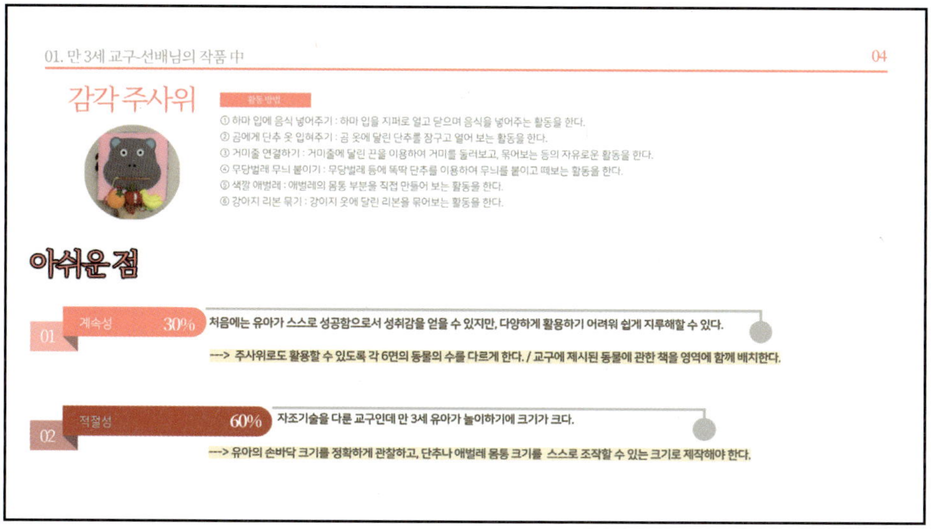
01. 만 3세 교구-선배님의 작품 中
04
감각 주사위
활동 방법
① 하마 입에 음식 넣어주기 : 하마 입을 지퍼로 열고 닫으며 음식을 넣어주는 활동을 한다.
② 곰에게 단추 옷 입혀주기 : 곰 옷에 달린 단추를 잠구고 열어 보는 활동을 한다.
③ 거미줄 연결하기 : 거미줄에 달린 끈을 이용하여 거미를 둘러보고, 묶어보는 등의 자유로운 활동을 한다.
④ 무당벌레 무늬 붙이기 : 무당벌레 등에 똑딱 단추를 이용하여 무늬를 붙이고 떼보는 활동을 한다.
⑤ 색깔 애벌레 : 애벌레의 몸통 부분을 직접 만들어 보는 활동을 한다.
⑥ 강아지 리본 묶기 : 강아지 옷에 달린 리본을 묶어보는 활동을 한다.
아쉬운 점
01 계속성 30%
처음에는 유아가 스스로 성공함으로서 성취감을 얻을 수 있지만, 다양하게 활용하기 어려워 쉽게 지루해할 수 있다.
---> 주사위로도 활용할 수 있도록 각 6면의 동물의 수를 다르게 한다. / 교구에 제시된 동물에 관한 책을 영역에 함께 배치한다.
02 적절성 60%
자조기술을 다룬 교구인데 만 3세 유아가 놀이하기에 크기가 크다.
---> 유아의 손바닥 크기를 정확하게 관찰하고, 단추나 애벌레 몸통 크기를 스스로 조작할 수 있는 크기로 제작해야 한다.

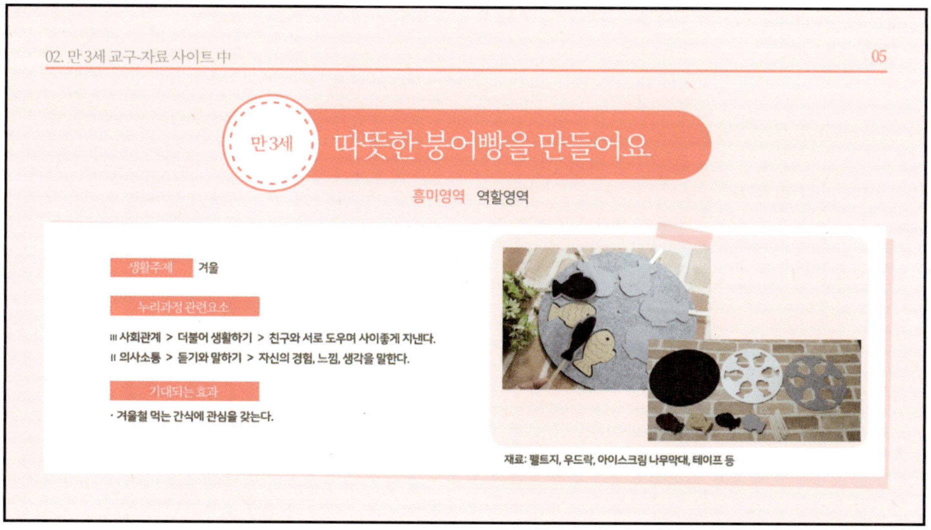
02. 만 3세 교구-자료 사이트 中
05
만 3세
따뜻한 붕어빵을 만들어요
흥미영역 역할영역
생활주제 겨울
누리과정 관련요소
Ⅲ 사회관계 > 더불어 생활하기 > 친구와 서로 도우며 사이좋게 지낸다.
Ⅱ 의사소통 > 듣기와 말하기 > 자신의 경험, 느낌, 생각을 말한다.
기대되는 효과
· 겨울철 먹는 간식에 관심을 갖는다.
재료: 펠트지, 우드락, 아이스크림 나무막대, 테이프 등

02. 만 3세 교구-자료 사이트 中 06

따뜻한 붕어빵을 만들어요

활동 방법

① 붕어빵을 먹어 본 경험에 관해 이야기 나눈다.
② 붕어빵의 모양과 붕어빵을 만드는 기계를 탐색한다.
③ 붕어빵은 어떻게 만들어지는지 알아본다.
④ 붕어빵을 직접 만들어 본다.
⑤ '붕어빵 가게' 역할놀이를 진행한다.

훌륭한 점

01 연령의 적합성 30%
붕어빵의 모양과 무늬를 관찰하여 사물의 여러가지 모양을 살필 수 있다.
붕어빵이 어느 시기에 먹는 간식인지 이야기 나누며, 날씨에 관심을 가질 수 있다.

02 다양성 50%
붕어빵을 만드는 놀이에서 사고파는 붕어빵 장사 역할놀이를 진행할 수 있다.
돌림판을 추가하여 '붕어빵 모으기' 게임을 진행할 수도 있다.

03 매력성&흥미성 90%
붕어빵 교구의 구성이 다채롭고, 세밀하여 유아의 흥미를 이끌어낼 수 있다.

02. 만 3세 교구-자료 사이트 中 07

따뜻한 붕어빵을 만들어요

활동 방법

① 붕어빵을 먹어 본 경험에 관해 이야기 나눈다.
② 붕어빵의 모양과 붕어빵을 만드는 기계를 탐색한다.
③ 붕어빵은 어떻게 만들어지는지 알아본다.
④ 붕어빵을 직접 만들어 본다.
⑤ '붕어빵 가게' 역할놀이를 진행한다.

아쉬운 점

01 보관의 용이성 30%
붕어빵 교구인형이 기계와 고정할 수 없어 붕어빵 교구인형을 잃어버릴 수 있다.
---> 붕어빵 교구인형을 보관하는 가방을 만들거나 까슬이 보슬이로 기계와 탈부착할 수 있도록 보완하기

02 소재와 제작방법 40%
교구의 재질이 나무막대 손잡이를 제외하고, 모두 펠트지로 제작하여 유아의 창의성을 자극하기 한계가 있다.
사진 속 교구만으로는 붕어빵이 만들어지는 모습을 표현하기 부족하다.
---> 붕어빵 기계에 '불 모양'의 그림을 넣어 빵이 구워지는 듯한 모습 표현하기, 붕어빵 안에 넣을 슈크림과 팥도 함께 구성하기

03 경제성 85%
폐품을 활용하여 붕어빵 기계를 만들었다면 더 경제적일 수 있다.
---> 박스나 상자를 재활용 하여 붕어빵 기계의 받침대로 표현하기, 합판보다 중앙에 휴지심을 이용해 회전할 수 있도록 하기

재미있는 투호놀이
만 4세
우수교구 추천
교통기관 빙고게임

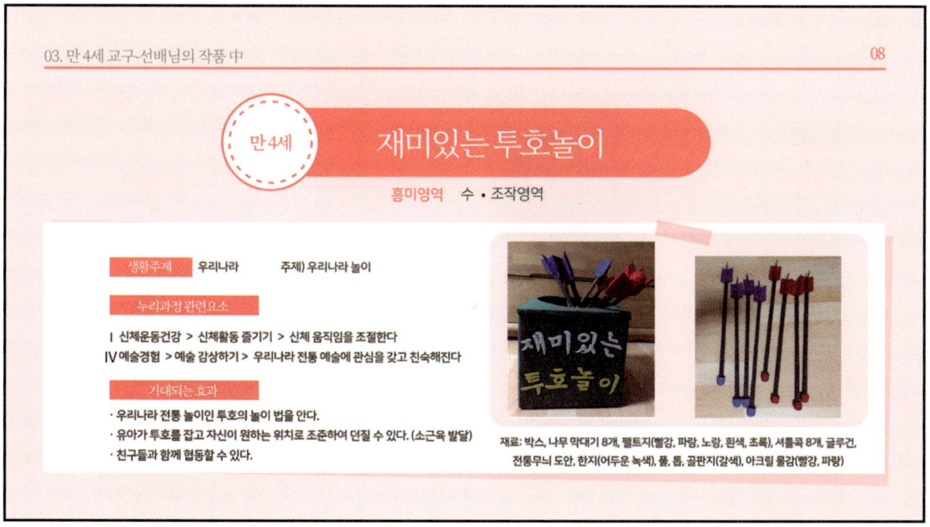
03. 만 4세 교구-선배님의 작품 中
08
만 4세
재미있는 투호놀이
흥미영역 수 • 조작영역
생활주제 우리나라 주제) 우리나라 놀이
누리과정 관련요소
I 신체운동건강 > 신체활동 즐기기 > 신체 움직임을 조절한다
IV 예술경험 > 예술 감상하기 > 우리나라 전통 예술에 관심을 갖고 친숙해진다
기대되는 효과
· 우리나라 전통 놀이인 투호의 놀이 법을 안다.
· 유아가 투호를 잡고 자신이 원하는 위치로 조준하여 던질 수 있다. (소근육 발달)
· 친구들과 함께 협동할 수 있다.
재미있는
투호놀이
재료: 박스, 나무 막대기 8개, 펠트지(빨강, 파랑, 노랑, 흰색, 초록), 서틀콕 8개, 글루건,
전통무늬 도안, 한지(어두운 녹색), 풀, 톱, 골판지(갈색), 아크릴 물감(빨강, 파랑)

03. 만 4세 교구-선배님의 작품 中 09

재미있는 투호놀이

활동 방법

① 4명씩 빨강, 파랑으로 팀을 나눈다.
② 팀에 해당하는 색의 투호를 골라 2m 이상 떨어진다.
③ 번갈아가면서 투호를 던진다.
④ 상자 안에 투호가 더 많이 들어간 팀이 승리한다.

훌륭한 점

01 흥미성&심미성 45%
동적인 놀이로 유아의 흥미를 유발할 수 있다.
게임으로 진행하여 유아의 지속적인 몰입을 이끌어낼 수 있다.

02 목적성&성취감 50%
목적이 뚜렷하여 달성하기 쉬우며, 성취감을 얻을 수 있다.

03 문화성&교육성 100%
우리나라 전통놀이를 이해할 수 있고, 직접 체험할 기회를 마련한다.
투호를 통에 넣으며 신체조절능력이 발달할 수 있다.

03. 만 4세 교구-선배님의 작품 中 10

재미있는 투호놀이

활동 방법

① 4명씩 빨강, 파랑으로 팀을 나눈다.
② 팀에 해당하는 색의 투호를 골라 2m 이상 떨어진다.
③ 번갈아가면서 투호를 던진다.
④ 상자 안에 투호가 더 많이 들어간 팀이 승리한다.

아쉬운 점

01 연령의 적합성 40%
투호 통이 낮고, 구멍이 커서 만 4세가 투호를 안정적으로 넣기 어려울 수 있다.
---> 투호놀이를 할 때 유아 수준에 적합하게 놀이할 수 있도록 적정 거리에 발자국 스티커를 바닥에 붙힌다.

02 안정성 80%
투호의 앞부분을 서틀콕의 '콕'으로 제작하였는데 나무막대가 접합했을 경우,
무게감이 생겨 유아가 휘둘렀을 때 다칠 위험이 있다.
---> 투호의 막대기둥을 '나무막대'가 아닌 수수깡이나 플라스틱으로 만든다면 좀 더 안전할 것이다.

03 보관의 용이성 20%
부피가 있고, 접을 수 없어 보관할 때 주의할 필요가 있다.

04. 만 4세 교구-자료 사이트 中 11

교통기관 빙고게임

만4세

흥미영역 언어영역

생활주제 교통기관

누리과정 관련요소

I 신체운동건강 > 안전하게 생활하기 > 교통안전 규칙을 지킨다
V 자연탐구 > 생활 속에서 탐구하기 > 물체의 위치와 방향, 모양을 알고 구별한다

기대되는 효과

· 다양한 교통기관 이름을 알아본다.
· 교통기관 및 도로에 관심을 가지고 탐색한다.

출처: https://blog.naver.com/qwesdf12/221332561376

재료: 펠트지, 교통기관 사진, 할핀, 우드락

04. 만 4세 교구-자료 사이트 中 12

교통기관 빙고게임

활동 방법

① 교통기관 돌림판을 돌린다.
② 돌림판에 나온 교통기관 사진을 글자판에 붙인다.
③ 번갈아가면서 돌림판을 돌린다.
④ 글자판을 더 많이 채운 사람이 이긴다.

훌륭한 점

01 보관의 용이성 45% 까슬이 보슬이로 사진을 고정하여 보관이 용이하다.

02 문화성 65% 교통기관을 많이 이용하는 우리나라 문화에 적합하다.

03 매력성&흥미성 100% 유아가 좋아하는 주제로 다양한 교통기관을 즐겁게 알아볼 수 있다.

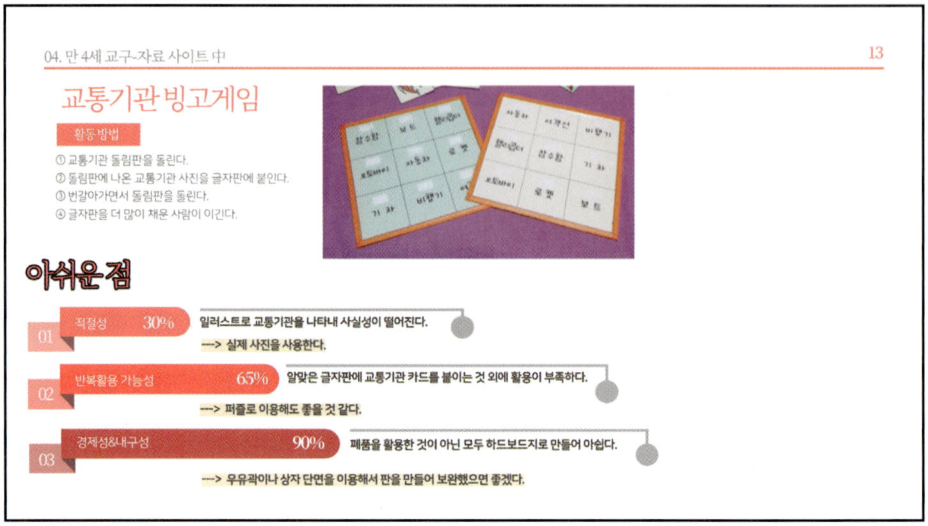
04. 만 4세 교구-자료 사이트 中
13
교통기관 빙고게임
활동방법
① 교통기관 돌림판을 돌린다.
② 돌림판에 나온 교통기관 사진을 글자판에 붙인다.
③ 번갈아가면서 돌림판을 돌린다.
④ 글자판을 더 많이 채운 사람이 이긴다.
아쉬운 점
01 적절성 30%
일러스트로 교통기관을 나타내 사실성이 떨어진다.
---> 실제 사진을 사용한다.
02 반복활용 가능성 65%
알맞은 글자판에 교통기관 카드를 붙이는 것 외에 활용이 부족하다.
---> 퍼즐로 이용해도 좋을 것 같다.
03 경제성&내구성 90%
폐품을 활용한 것이 아닌 모두 하드보드지로 만들어 아쉽다.
---> 우유곽이나 상자 단면을 이용해서 판을 만들어 보완했으면 좋겠다.

나는 잘해요
만 5세
우수교구 추천
나는야 소방관

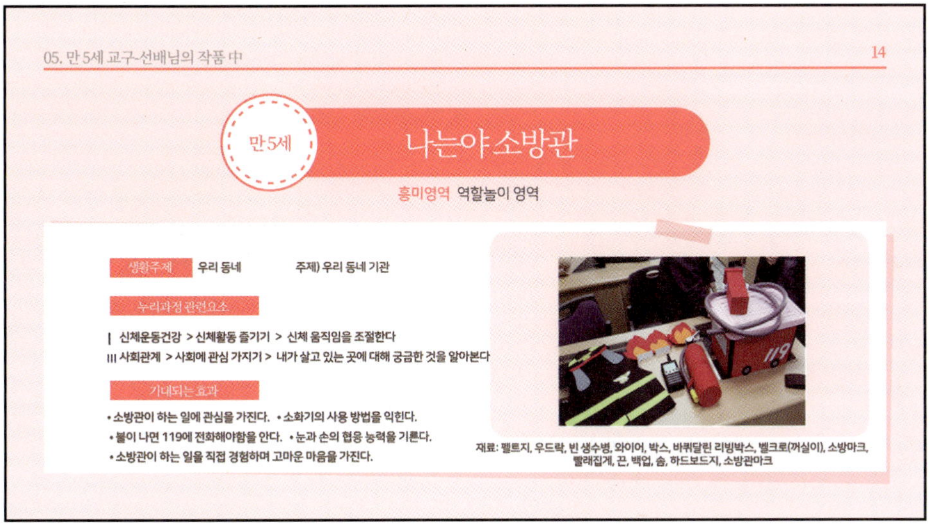
05. 만 5세 교구-선배님의 작품 中
14
만5세
나는야 소방관
흥미영역 역할놀이 영역
생활주제 우리 동네
주제) 우리 동네 기관
누리과정 관련요소
| 신체운동건강 > 신체활동 즐기기 > 신체 움직임을 조절한다
III 사회관계 > 사회에 관심 가지기 > 내가 살고 있는 곳에 대해 궁금한 것을 알아본다
기대되는 효과
• 소방관이 하는 일에 관심을 가진다. • 소화기의 사용 방법을 익힌다.
• 불이 나면 119에 전화해야함을 안다. • 눈과 손의 협응 능력을 기른다.
• 소방관이 하는 일을 직접 경험하며 고마운 마음을 가진다.
재료: 펠트지, 우드락, 빈 생수병, 와이어, 박스, 바퀴달린 리빙박스, 벨크로(꺼실이), 소방마크, 빨래집게, 끈, 백업, 솜, 하드보드지, 소방관마크

05. 만 5세 교구-선배님의 작품 中
15
나는야 소방관
활동 방법
① 소방관 유아는 모자와 조끼를 입고 소방차를 끌고 화재 장소로 간다. 무전기로 연락을 할 수도 있다.
② 화재 장소에 도착하면 소화기나 소화전을 이용해 불을 끄면서 사람을 구한다.
③ 소화기 사용 방법을 놀이를 통해 자연스럽게 익힐 수 있게 한다.
④ 다양한 방법으로 역할놀이를 한다.
훌륭한 점
01 보관의 용이성 40% 바퀴달린 리빙박스가 있어 깔끔하게 보관할 수 있다.
02 연령의 적합성 70% 유아의 신체적, 인지적 수준에 적합하여 발달에 따라 다양하게 활용할 수 있다.
03 교육성&목적성 100% 안전교육에 활용할 수 있고, 교구 제작 의도가 확실하여 교육적 효과가 있다.
04 성취감 90% 소방관이 되어 불을 끄며 사람을 구함으로서 성취감을 느낄 수 있다.
119
소화기
소화전

05. 만 5세 교구-선배님의 작품 中 16

나는야 소방관

활동방법

① 소방관 유아는 모자와 조끼를 입고 소방차를 끌고 화재 장소로 간다. 무전기로 연락을 할 수도 있다.
② 화재 장소에 도착하면 소화기나 소화전을 이용해 불을 끄면서 사람을 구한다.
③ 소화기 사용 방법을 놀이를 통해 자연스럽게 익힐 수 있게 한다.
④ 다양한 방법으로 역할놀이를 한다.

아쉬운 점

01 안정성 30% 소화기와 호스에 사용한 와이어가 위험할 수 있다.

---> 와이어 대신 스펀지에 골판지 덧대기

02 적절성 70% 소방관 모자도 '머리띠'보다는 직접 쓸 수 있는 모자면 더 좋을 것 같다.

---> 와이어 대신 스펀지에 골판지 덧대기

06. 만 5세 교구-자료 사이트 中 17

만5세

나는 잘해요

흥미영역 언어

생활주제 새로운 우리 반 주제) 우리반과 친구

누리과정 관련요소

II 의사소통 > 듣기와 말하기 > 상황에 적절한 단어를 사용하여 말한다
III 사회관계 > 더불어 생활하기 > 약속과 규칙의 필요성을 알고 지킨다

기대되는 효과

· 내가 잘할 수 있는 일들을 알아보고 언어로 표현함으로써 자신감을 갖는다.

출처: 개정누리과정 교재교구대장

재료: 놀이판1개,그림카드15장,돌림판1개,말10개,말세움대10개,놀이규칙표1장

06. 만 5세 교구-자료 사이트 中 18

나는 잘해요

활동 방법

① 그림카드를 놀이판의 가운데 붙인다
② 자기 말을 정하고 나누어 양쪽 끝에 다섯 개씩 놓는다.
③ 돌림판을 돌려 나온 글자가 말 바로 앞에 글자와 같으면 그 위에 올려 놓는다
(별이 나오면 원하는 말을 한칸 움직일 수 있다.)
④ 그림 앞 칸에 가면 카드를 가져온다.
⑤ 모든 카드를 가져가면 각자 가져간 그림카드를 세어본다

출처: 개정누리과정 교재교구대장

훌륭한 점

01 보관의 용이성 65% — 놀이판은 접어서 보관할 수 있고, 그림카드는 지퍼백에 보관할 수 있다.

02 다양성 50% — 게임방법을 바꾸어 다양하게 활용할 수 있다.

03 교육성&성취감 100% — '나는 잘해요' 낱말카드를 이용해 스스로 잘할 수 있는 일들을 생각할 수 있고, 친구에게 언어로 표현함으로써 성취감을 가질 수 있다.

04 연령의 적합성 50% — 단어가 아닌 형태소로 나눈 점을 고려하여 형태소마다 다른 색깔을 배치했다. 언어발달이 빠른 유아를 고려하여 *표시로 게임방법의 난이도를 조절하였다.

06. 만 5세 교구-자료 사이트 中 19

나는 잘해요

활동 방법

① 그림카드를 놀이판의 가운데 붙인다
② 자기 말을 정하고 나누어 양쪽 끝에 다섯 개씩 놓는다.
③ 돌림판을 돌려 나온 글자가 말 바로 앞에 글자와 같으면 그 위에 올려 놓는다
(별이 나오면 원하는 말을 한칸 움직일 수 있다.)
④ 그림 앞 칸에 가면 카드를 가져온다.
⑤ 모든 카드를 가져가면 각자 가져간 그림카드를 세어본다

출처: 개정누리과정 교재교구대장

아쉬운 점

01 내구성&소재 65% — 놀이판과 놀이말, 돌림판 모두 종이 소재로 만들어 오래 사용하지 못할 수 있다.
---> 카드와 돌림판은 입체적으로 뒤에 자석을 덧대거나 우드락으로 만들기

02 매력성 30% — 놀이 말을 포함한 교구가 모두 평면이어서 매력성이 떨어져 보일 수 있다.
---> 놀이 말을 입체적으로 만들고, 놀이방법카드에 놀이 말의 이야기를 적어 스토리텔링으로 진행하기

제2부

3세아 교재·교구 제작하기

제5장

3세아를 위한 교육과정 내용 이해하기

1. 2015 연령별 누리과정에서 3세아 신체운동·건강 영역의 내용
2. 2015 연령별 누리과정에서 3세아 의사소통 영역의 내용
3. 2015 연령별 누리과정에서 3세아 사회관계 영역의 내용
4. 2015 연령별 누리과정에서 3세아 예술경험 영역의 내용
5. 2015 연령별 누리과정에서 3세아 자연탐구 영역의 내용

제5장

3세아를 위한 교육과정 내용 이해하기

3세아를 위한 교재·교구를 제작하기 위해서는 우선 3세아를 위한 교육과정의 5개 영역별 세부내용에 대한 이해가 선행되어야 한다. 2019 개정 누리과정에는 연령별 세부내용이 제시되어 있지 않으므로 2015 연령별 누리과정의 세부내용을 참고하면 다음과 같다.

1. 2015 연령별 누리과정에서 3세아 신체운동·건강 영역의 내용

2015 연령별 누리과정에 제시되어 있는 3세아 신체운동·건강 영역의 세부내용은 다음과 같다. 좀 더 자세한 설명이 필요한 경우에는 누리과정 해설서를 참고하면 도움을 받을 수 있다.

내용 범주	내 용	3세 세부내용
신체 인식하기	감각능력 기르고 활용하기	감각적 차이를 경험한다.
		감각기관을 인식하고, 활용해 본다.
	신체를 인식하고 움직이기	신체 각 부분의 명칭을 알고, 움직임에 관심을 갖는다.
		자신의 신체를 긍정적으로 인식하고 움직인다.
신체조절과 기본 운동하기	신체 조절하기	신체 균형을 유지해 본다.
		공간, 힘, 시간 등의 움직임 요소를 경험한다.
		신체 각 부분의 움직임을 조절해 본다
		눈과 손을 협응하여 소근육을 조절해 본다.
	기본 운동하기	걷기, 달리기 등 이동 운동을 한다.
		제자리에서 몸을 움직여 본다.
신체 활동에 참여하기	자발적으로 신체 활동에 참여하기	신체 활동에 자발적으로 참여한다.
		다른 사람과 함께 하는 신체 활동에 참여한다.
	바깥에서 신체 활동하기	규칙적으로 바깥에서 신체 활동을 한다.
	기구를 이용하여 신체 활동하기	여러 가지 기구를 이용하여 신체 활동을 한다.
건강하게 생활하기	몸과 주변을 깨끗이 하기	손과 이를 깨끗이 하는 방법을 알고 실천한다.
		주변을 깨끗이 한다.
	바른 식생활하기	음식을 골고루 먹는다.
		몸에 좋은 음식에 관심을 갖는다.
		바른 태도로 식사한다.
	건강한 일상생활 하기	규칙적으로 잠을 자고, 적당한 휴식을 취한다.
		하루 일과에 즐겁게 참여한다.
		스스로 화장실에서 배변한다.
	질병 예방하기	질병의 위험을 알고 주의한다.
		날씨에 맞게 옷을 입는다.
안전하게 생활하기	안전하게 놀이하기	놀이기구나 놀잇감, 도구를 안전하게 사용한다.
		안전한 놀이장소를 안다.
		TV, 인터넷, 통신기기 등을 바르게 사용한다.
	교통안전 규칙 지키기	교통안전 규칙을 안다.
		교통수단을 안전하게 이용한다.
	비상시 적절히 대처하기	학대, 성폭력, 실종, 유괴상황을 알고 도움을 요청한다.
		재난 및 사고 등 비상시 적절하게 대처하는 방법을 안다.

2. 2015 연령별 누리과정에서 3세아 의사소통 영역의 내용

2015 연령별 누리과정에 제시되어 있는 3세아 의사소통 영역의 세부내용은 다음과 같다. 좀 더 자세한 설명이 필요한 경우에는 누리과정 해설서를 참고하면 도움을 받을 수 있다.

내용 범주	내 용	3세 세부내용
듣 기	낱말과 문장 듣고 이해하기	낱말의 발음에 관심을 가지고 듣는다.
		일상생활과 관련된 낱말과 문장을 듣고 뜻을 이해한다.
	이야기 듣고 이해하기	다른 사람의 이야기를 관심 있게 듣는다.
	동요, 동시, 동화 듣고 이해하기	동요, 동시, 동화를 다양한 방법으로 듣고 즐긴다.
	바른 태도로 듣기	말하는 사람을 바라보며 듣는다.
말하기	낱말과 문장으로 말하기	친숙한 낱말을 발음해 본다.
		새로운 낱말에 관심을 가진다.
		일상생활에서 일어나는 일들을 간단한 문장으로 말한다.
	느낌, 생각, 경험 말하기	자신의 느낌, 생각, 경험을 말해본다.
	상황에 맞게 바른 태도로 말하기	상대방을 바라보며 말한다.
		바르고 고운 말을 사용한다.
읽 기	읽기에 흥미 가지기	주변에서 친숙한 글자를 찾아본다.
		읽어 주는 글의 내용에 관심을 가진다.
	책 읽기에 관심 가지기	책에 흥미를 가진다.
		책의 그림을 단서로 내용을 추측해 본다.
쓰기	쓰기에 관심 가지기	말을 글로 나타내는 것에 관심을 보인다.
		자기 이름과 글자에 관심을 가진다.

3. 2015 연령별 누리과정에서 3세아 사회관계 영역의 내용

2015 연령별 누리과정에 제시되어 있는 3세아 사회관계 영역의 세부내용은 다음과 같다. 좀 더 자세한 설명이 필요한 경우에는 누리과정 해설서를 참고하면 도움을 받을 수 있다.

<table>
<tr><th>내용 범주</th><th>내 용</th><th>3세 세부내용</th></tr>
<tr><td rowspan="5">나를 알고 존중하기</td><td rowspan="3">나를 알고, 소중히 여기기</td><td>나에 대해 관심을 갖는다.</td></tr>
<tr><td>나와 다른 사람의 차이에 관심을 갖는다.</td></tr>
<tr><td>나를 소중하게 여긴다.</td></tr>
<tr><td rowspan="2">나의 일 스스로 하기</td><td>내가 할 수 있는 일을 알아본다.</td></tr>
<tr><td>내가 하고 싶은 일을 선택해 본다.</td></tr>
<tr><td rowspan="3">나와 다른 사람의 감정 알고 조절하기</td><td rowspan="2">나와 다른 사람의 감정 알고 표현하기</td><td>자신에게 여러 가지 감정이 있음을 안다.</td></tr>
<tr><td>다른 사람의 감정에 관심을 갖는다.</td></tr>
<tr><td>나의 감정 조절하기</td><td>자신의 감정을 조절해 본다.</td></tr>
<tr><td rowspan="3">가족을 소중히 여기기</td><td>가족과 화목하게 지내기</td><td>가족의 소중함을 안다.</td></tr>
<tr><td rowspan="2">가족과 협력하기</td><td>가족 구성원을 알아본다.</td></tr>
<tr><td>가족을 위하여 내가 할 수 있는 일을 알아본다.</td></tr>
<tr><td rowspan="5">다른 사람과 더불어 생활하기</td><td rowspan="2">친구와 사이좋게 지내기</td><td>친구와 함께 놀이한다.</td></tr>
<tr><td>나와 친구의 의견에 차이가 있음을 안다.</td></tr>
<tr><td>공동체에 화목하게 지내기</td><td>교사 및 주변 사람과 화목하게 지낸다.</td></tr>
<tr><td rowspan="2">사회적 가치를 알고 지키기</td><td>다른 사람의 소유물을 존중한다.</td></tr>
<tr><td>약속과 규칙을 지켜야 함을 안다.</td></tr>
<tr><td rowspan="4">사회에 관심 갖기</td><td rowspan="2">지역사회에 관심 갖고 이해하기</td><td>우리 동네의 이름을 안다.</td></tr>
<tr><td>우리 동네 사람들에 관심을 갖는다.</td></tr>
<tr><td rowspan="2">우리나라에 관심 갖고 이해하기</td><td>우리나라를 상징하는 것에 관심을 가진다.</td></tr>
<tr><td>우리나라의 전통놀이와 풍습에 관심을 갖는다.</td></tr>
</table>

4. 2015 연령별 누리과정에서 3세아 예술경험 영역의 내용

2015 연령별 누리과정에 제시되어 있는 3세아 예술경험 영역의 세부내용은 다음과 같다. 좀 더 자세한 설명이 필요한 경우에는 누리과정 해설서를 참고하면 도움을 받을 수 있다.

내용 범주	내 용	3세 세부내용
아름다움 찾아보기	음악적 요소 탐색하기	다양한 소리, 음악의 셈여림, 빠르기, 리듬 등에 관심을 갖는다.
	움직임과 춤 요소 탐색하기	움직임과 춤의 모양, 힘, 빠르기 등에 관심을 갖는다.
	미술적 요소 탐색하기	자연과 사물의 색, 모양, 질감 등에 관심을 갖는다.
예술적 표현하기	음악으로 표현하기	간단한 노래를 듣고 따라 부른다.
		전래동요를 즐겨 부른다.
		리듬악기로 간단한 리듬을 표현해 본다.
		간단한 리듬과 노래를 즉흥적으로 만들어 본다,
	움직임과 춤으로 표현하기	신체를 이용하여 주변의 움직임을 자유롭게 표현한다.
		움직임과 춤으로 자신의 생각과 느낌을 표현한다.
		도구를 활용하여 다양한 움직임으로 표현한다.
	미술활동으로 표현하기	다양한 미술활동을 경험해 본다.
		미술활동에 필요한 재료와 도구에 관심을 가지고 사용한다.
	극놀이로 표현하기	일상생활의 경험을 극놀이로 표현한다.
	통합적으로 표현하기	예술 활동에 참여하여 표현과정을 즐긴다.
예술 감상하기	다양한 예술 감상하기	다양한 음악, 춤, 미술작품, 극놀이 등을 듣거나 본다.
		나와 다른 사람의 예술표현을 소중히 여긴다.
	전통예술 감상하기	우리나라의 전통예술에 관심을 갖는다.

5. 2015 연령별 누리과정에서 3세아 자연탐구 영역의 내용

2015 연령별 누리과정에 제시되어 있는 3세아 자연탐구 영역의 세부내용은 다음과 같다. 좀 더 자세한 설명이 필요한 경우에는 누리과정 해설서를 참고하면 도움을 받을 수 있다.

<table>
<tr><th>내용 범주</th><th>내 용</th><th>3세 세부내용</th></tr>
<tr><td rowspan="2">탐구하는 태도 기르기</td><td>호기심을 유지하고 확장하기</td><td>주변 사물과 자연세계에 대해 호기심을 갖는다.</td></tr>
<tr><td>탐구과정 즐기기</td><td>궁금한 점을 알아보는 과정에 흥미를 갖는다.</td></tr>
<tr><td rowspan="9">수학적 탐구하기</td><td rowspan="3">수와 연산의 기초개념 알아보기</td><td>생활 속에서 수에 관심을 갖는다.</td></tr>
<tr><td>구체물 수량의 많고 적음을 비교한다.</td></tr>
<tr><td>다섯 개가량의 구체물을 세어보고 수량에 관심을 갖는다.</td></tr>
<tr><td rowspan="2">공간과 도형의 기초개념 알아보기</td><td>나를 중심으로 앞, 뒤, 옆, 위, 아래를 알아본다.</td></tr>
<tr><td>물체의 모양에 관심을 갖는다.</td></tr>
<tr><td>기초적인 측정하기</td><td>두 물체의 길이, 크기를 비교해 본다.</td></tr>
<tr><td>규칙성 이해하기</td><td>생활 주변에서 반복되는 규칙성에 관심을 갖는다.</td></tr>
<tr><td>기초적인 자료 수집과 결과 나타내기</td><td>같은 것끼리 짝을 짓는다.</td></tr>
<tr><td colspan="2" style="display:none"></td></tr>
<tr><td rowspan="8">과학적 탐구하기</td><td>물체와 물질 알아보기</td><td>친숙한 물체와 물질의 특성에 관심을 갖는다.</td></tr>
<tr><td rowspan="3">생명체와 자연환경 알아보기</td><td>나의 출생과 성장에 대해 관심을 갖는다.</td></tr>
<tr><td>주변의 동식물에 관심을 가진다.</td></tr>
<tr><td>생명체를 소중히 여기는 마음을 갖는다.</td></tr>
<tr><td rowspan="2">자연현상 알아보기</td><td>돌, 물, 흙 등 자연물에 관심을 갖는다.</td></tr>
<tr><td>날씨에 관심을 갖는다.</td></tr>
<tr><td rowspan="2">간단한 도구와 기계 활용하기</td><td>생활 속에서 간단한 도구와 기계에 관심을 갖는다.</td></tr>
<tr><td>도구와 기계의 편리함에 관심을 갖는다.</td></tr>
</table>

제6장

3세아 우수 교재·교구 사례 분석하기

1. 과일의 겉과 속이 궁금해요
2. 색과 모양
3. 병원에 가요
4. 얼굴을 꾸며봐요
5. 강아지를 돌봐요
6. 유치원에 다녀왔어요

제6장

3세아 우수 교재·교구 사례 분석하기

우수 교재·교구를 제작하기 위해서는 먼저 우수 교재·교구의 특징을 이해하고 그 사례들을 구체적으로 분석해 보는 경험이 필요하다. 다음에 제시된 6개의 교재·교구를 이 책의 제3장에서 제시한 10가지의 기준에 따라 분석하고 합계를 내어보자.

교구명 / 기준	과일의 겉과 속이 궁금해요 (10)	색과 모양 (10)	병원에 가요 (10)	얼굴을 꾸며봐요 (10)	강아지를 돌봐요 (10)	유치원에 다녀왔어요 (10)
① 연령(발달)적합성						
② 흥미성(재미성)						
③ 교육성(효과)						
④ 안전 및 견고성						
⑤ 심미성						
⑥ 보관의 용이성						
⑦ 경제성(폐품활용 등)						
⑧ 창의성						
⑨ 교환 및 반복활용 가능성						
⑩ 작품성						
합계						

※ 각 항목별로 10점 만점 기준임

1. 과일의 겉과 속이 궁금해요

<table>
<tr><td>생활주제</td><td>건강과 안전</td><td>주제</td><td>맛있는 음식과 영양</td><td>연령</td><td>3세</td></tr>
<tr><td>교구명</td><td colspan="2">과일의 겉과 속이 궁금해요</td><td>흥미영역</td><td colspan="2">수·조작영역</td></tr>
<tr><td>교육과정 관련요소</td><td colspan="5">• 자연탐구 〉 생활 속에서 탐구하기 〉 일상에서 모은 자료를 기준에 따라 분류한다.
• 신체운동·건강 〉 신체활동 즐기기 〉 신체 움직임을 조절한다.
• 신체운동·건강 〉 건강하게 생활하기 〉 몸에 좋은 음식에 관심을 가지고 바른 태도로 즐겁게 먹는다.</td></tr>
<tr><td>기대되는 효과</td><td colspan="5">• 다양한 과일을 잘라보는 경험을 통해 소근육 조작 능력을 돕는다.
• 과일의 속과 겉을 구분하며 과일에 관심을 가질 수 있다.
• 과일의 조각을 살펴보며 분수 개념을 자연스럽게 익힐 수 있다.
• 과일이 각기 다른 크기와 색깔을 가지고 있다는 것을 알 수 있다.</td></tr>
<tr><td>재료</td><td colspan="5">펠트지(연한 분홍색, 살구색, 흰색, 진갈색, 연두색, 아이보리색, 빨간색, 초록색, 흰색, 연갈색, 노란색), 접착 펠트지(검정색, 갈색, 체크무늬), 원형 벨크로(분홍색, 흰색), 구름솜, 필름지, 글루건, 초록색 굵은 줄, 바느질 도구, 절연 테이프, 우드락 8절지, 하드보드지 4절지, 과일바구니</td></tr>
<tr><td>제작방법</td><td colspan="5">〈과일〉
1. 복숭아
① 연분홍색 펠트지 10장을 세로 8.53cm×폭 5.5cm로 자른다.
② 살구색 펠트지 5장을 세로 14cm×폭 4.2cm로 자른다. ①보다 조금 작은 크기로 필름지를 오린 뒤, 연분홍색 펠트지 10장의 가운데에 맞추어서 글루건으로 고정한다.
③ 흰색, 진갈색 펠트지를 이용하여 반원 모양(세로 7.4cm×폭 2.6cm) 10장과 씨 모양(세로 5.9cm×폭 2cm) 10장을 오린 뒤, 각 연분홍색 펠트지 10장 위에 올려놓고 바느질한다(아플리케).</td></tr>
</table>

④ 연분홍색 펠트지 2장과 살구색 펠트지 1장을 겹쳐서 한 조각 모양이 되도록 모양을 맞추고, 솜을 넣어 바느질한다(버튼홀 스티치).

⑤ 나머지 4조각도 ④와 같은 방법으로 바느질하여 총 5조각을 만든다.

⑥ 연두색 펠트지 두 장을 겹쳐 잎 모양을 만들고, 복숭아 한 조각의 가운데에 바느질하여 고정한다(감침질).

⑦ 복숭아의 왼쪽 면에는 벨크로 원형 까끌이(분홍색) 2개, 오른쪽 면에는 벨크로 원형 보슬이(분홍색) 2개를 붙인다. 이때, 벨크로가 떨어질 수 있으므로 글루건으로 한 번 더 고정한다.

⑧ 각 조각을 연결하여 복숭아 한 개가 되도록 완성한다.

2. 사과

① 아이보리색 펠트지 10장을 세로 8.53cm×폭 5.5cm로 자른다.

② 빨간색 펠트지 5장을 세로 14cm×폭 4.2cm로 자른다.

③ ①보다 조금 작은 크기로 필름지를 10장 오린 뒤, 아이보리색 펠트지 10장의 가운데에 맞추어서 글루건으로 고정한다.

④ 살구색, 검정색 펠트지를 이용하여 반원 모양(세로 4cm×폭 2.1cm) 10장과 씨 모양(세로 1.5cm×폭 0.8cm) 10장을 오린 뒤, 각 아이보리색 펠트지 10장 위에 올려놓고 바느질한다(아플리케).

⑤ 아이보리색 펠트지 2장과 빨간색 펠트지 1장을 겹쳐서 한 조각 모양이 되도록 모양을 맞추고, 솜을 넣어 바느질한다(버튼홀 스티치).

⑥ 나머지 4조각도 ⑤와 같은 방법으로 바느질하여 총 5조각을 만든다.

⑦ 진갈색 펠트지 두 장을 겹쳐 꼭지 모양을 만들고, 사과 한 조각의 가운데에 바느질하여 고정한다(감침질).

⑧ 사과의 왼쪽 면에는 벨크로 원형 까끌이(흰색) 2개, 오른쪽 면에는 벨크로 원형 보슬이(흰색) 2개를 붙인다. 이때, 벨크로가 떨어질 수 있으므로 글루건으로 한 번 더 고정한다.

⑨ 각 조각을 연결하여 사과 한 개가 되도록 완성한다.

3. 애플 수박

① 빨간색 펠트지 10장을 세로 8.53cm×폭 5.5cm로 자른다.

② 초록색 펠트지 5장을 세로 14cm×폭 4.2cm로 자른다.

③ 검정색 접착 펠트지를 수박 줄무늬 모양(긴 줄무늬와 짧은 줄무늬)으로 10개 오린 뒤, 초록색 펠트지 5장 위에 각 2개씩 붙인다.

④ ①보다 조금 작은 크기로 필름지를 10장 오린 뒤, 빨간색 펠트지 10장의 가운데에 맞추어서 글루건으로 고정한다.

⑤ 흰색 펠트지를 이용하여 빨간색 펠트지의 테두리 모양으로 10장 오린 뒤, 바느질한다(박음질).

⑥ 검정색 접착 펠트지를 이용하여 씨 모양(세로 1.5cm×폭 0.5cm) 10장을 오린 뒤, 각 빨간색 펠트지 10장 위에 붙인다.

⑦ 빨간색 펠트지 2장과 초록색 펠트지 1장을 겹쳐서 한 조각 모양이 되도록 모양을 맞추고, 솜을 넣어 바느질한다(버튼홀 스티치).

⑧ 나머지 4조각도 같은 방법으로 바느질하여 총 5조각을 만든다.

⑨ 초록색 굵은 줄을 이용하여 수박 한 조각의 가운데에 바느질하여 고정한다(감침질).

⑩ 수박의 왼쪽 면에는 벨크로 원형 까끌이(빨간색) 2개, 오른쪽 면에는 벨크로 원형 보슬이(빨간색) 2개를 붙인다. 이때 벨크로가 떨어질 수 있으므로 글루건으로 한 번 더 고정한다.

⑪ 각 조각을 연결하여 수박 한 개가 되도록 완성한다.

4. 키위

① 연두색 펠트지를 이용하여 지름 7.5cm인 원형으로 2개 자른다.

② 연갈색 펠트지를 이용하여 키위의 껍질이 될 옆면(세로 7.5cm×폭 4.1cm) 12장을 자른다.

③ 흰색 펠트지를 이용하여 지름 5cm인 원형 모양 2개를 오린 뒤, 각 연두색 펠트지 2장 위에 겹쳐서 바느질한다(아플리케).

④ ①보다 조금 작은 크기로 필름지를 2장 오린 뒤, 연두색 펠트지 2장의 가운데에 맞추어서 글루건으로 고정한다.

⑤ ②에서 만든 키위의 껍질 6장을 ①에서 오린 키위 속살에 둘러싸며 바느질한다. 키위 껍질 6장과 속살 1장이 한 세트이며, 총 2세트를 만든다.

⑥ ⑤에서 만든 모양 위에 솜을 넣어 키위 옆면과 뒷면을 마무리하듯이 바느질한다(감침질).

⑦ 연갈색 펠트지를 길게 오리며 겹쳐 키위 꼭지로 만든 뒤, 키위 뒷면에 바느질한다(감침질).

⑧ 검정색 접착 펠트지를 이용하여 씨 모양으로 오리고, ③에서 만든 흰색 펠트지 위에 붙인다. 이때 씨가 떨어질 수 있으니 이쑤시개와 글루건을 이용하여 고정한다.

⑨ 키위의 속살 가운데 부분에 한 개는 벨크로 원형 까끌이(흰색), 한 개는 벨크로 원형 보슬이(흰색)를 붙인다. 이때, 벨크로가 떨어질 수 있으므로 글루건으로 한 번 더 고정한다.

⑩ 2개를 연결하여 키위 한 개가 될 수 있도록 완성한다.

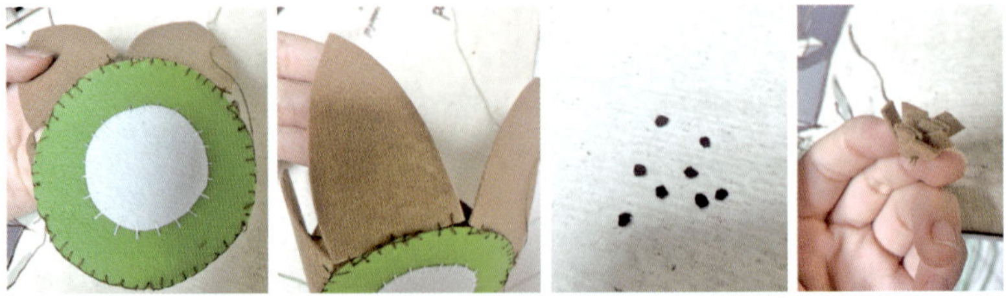

5. 바나나

① 노란색 펠트지를 이용하여 바나나 껍질 모양 3개(세로 25cm×폭 4cm)를 자른다.

② 아이보리색 펠트지를 이용하여 바나나 껍질과 동일한 크기로 3개를 자른다. – 껍질의 뒷면이 될 부분

③ 바나나 속을 만들 아이보리색 펠트지 3개(세로 18.5cm×폭 2.5cm)를 자른 뒤, 3개를 연결하여 솜을 넣고 바느질한다(버튼홀 스티치).

④ ①과 ②를 연결하여 바느질한다(버튼홀 스티치).

⑤ 껍질에 속살이 들어갈 정도의 여유를 남겨놓고, 껍질 세 개를 연결하여 마무리한다.

⑥ 껍질에는 원형 벨크로 찍찍이(흰색) 3개를, 속살에는 원형 벨크로 보슬이(흰색) 3개를 붙인다. 이때 벨크로가 떨어질 수 있으므로 글루건으로 한 번 더 고정한다.

⑦ 껍질과 속살을 연결하여 바나나 한 개가 될 수 있도록 완성한다.

6. 레몬

① 노란색 펠트지를 이용하여 지름 7.5cm인 원형 모양으로 2장 자른다.

② 노란색 펠트지를 이용하여 레몬의 껍질이 될 옆면(세로 7.5cm×폭 4.1cm) 12장을 자른다.

③ 흰색 펠트지를 이용하여 가운데가 뚫린 원형 모양 2장을 오린 뒤, ①의 테두리에 바느질하여 고정한다(박음질).

④ 흰색 실로 ① 위에 바느질하여 레몬 속 줄기를 만든다.

⑤ ①보다 조금 작은 크기로 필름지를 2장 오린 뒤, 연두색 펠트지 2장의 가운데에 맞추어서 글루건으로 고정한다.

⑥ ②에서 만든 레몬의 껍질 6장을 ①에서 오린 레몬 속살에 둘러싸며 바느질한다. 레몬 껍질 6장과 속살 1장이 한 세트이며, 총 2세트를 만든다.

⑦ ⑥에서 만든 모양 위에 솜을 넣어 키위 옆면과 뒷면을 마무리하듯이 바느질한다(감침질).

⑧ 레몬의 속살 가운데 부분에 한 개는 벨크로 원형 까끌이(노란색), 한 개는 벨크로 원형 보슬이(노란색)를 붙인다. 이때 벨크로가 떨어질 수 있으므로 글루건으로 한 번 더 고정한다.

⑨ 2개를 연결하여 레몬 한 개가 될 수 있도록 마무리한다.

〈도마와 칼〉

1. 도마

① 우드락 8절지를 우드락 커터기를 이용하여 가로 29cm×세로 22cm 도마 모양 두 장으로 자른 뒤, 하나로 겹친다.

② 하드보드지 2장도 우드락과 같은 모양으로 자른다.

③ 글루건을 이용하여 ②의 아래, 윗면에 하드보드지 1장씩을 붙인다.

④ 진갈색 접착 펠트지를 ③ 위에 붙인다.

⑤ 글루건을 이용하여 떨어질 만한 부분에 꼼꼼히 접착하고, 점검하여 마무리한다.

2. 칼

① 하드보드지 2장을 길이 24cm인 칼 모양으로 자른다(손잡이는 길이 7.8cm×폭 3cm).

② 손잡이 부분에 체크무늬 접착 펠트지를 붙인다.

③ 칼날에 검정색 접착 펠트지를 붙인다.

④ 자르는 날 부분에 검정색 절연 테이프를 붙여, 과일을 자를 때 찍찍이가 달라붙지 않도록 한다.

⑤ 글루건을 이용하여 떨어질 만한 부분에 꼼꼼히 접착하고, 점검하여 마무리한다.

활동방법

① 대집단 활동에서 여러 가지 과일에 대해 알아본다.

② 과일의 이름과 색깔, 크기에 관심을 가진다.

③ 과일의 겉과 속을 비교해 보고, 도마 위에 잘라보는 경험을 해본다.

④ 친구들과 함께 과일 짝 맞추기 게임을 해본다.

⑤ 더 나아가 과일을 굴리며 재미있는 과일 볼링 게임을 해본다.

⑥ 놀이를 한 이후에 과일 바구니에 담아 스스로 정리할 수 있도록 격려한다.

⑦ 역할영역에 자유롭게 배치하여 역할놀이를 할 수 있도록 한다.

활동사진

짝 맞추기 게임

겉과 속 비교, 분수 개념, 역할놀이

(확장) 과일 볼링 게임

정리

참고문헌

https://www.youtube.com/watch?v=XMM2P0M-no4&list=PL0ftFZBhARygWHMQclCmEnUZrAH3ngOzu 겉과 속 모양 참고

2. 색과 모양

<table>
<tr><th>생활주제</th><td>환경과 생활</td><th>주제</th><td>색과 모양 모두 모여라</td><th>연령</th><td>3세</td></tr>
<tr><th>교구명</th><td colspan="2">색과 모양</td><th>흥미영역</th><td colspan="2">수·조작영역</td></tr>
<tr><th>교육과정
관련요소</th><td colspan="5">• 예술경험 〉 아름다움 찾아보기 〉 예술적 요소에 관심을 갖고 찾아본다.
• 자연탐구 〉 생활 속에서 탐구하기 〉 물체의 위치와 방향, 모양을 알고 구분한다.</td></tr>
<tr><th>기대되는
효과</th><td colspan="5">• 다양한 색에 관심을 가지고 색을 기준에 따라 분류해 본다.
• 여러 가지 모양의 이름을 알고 구별할 수 있다.
• 눈과 손의 협응력을 기를 수 있다.</td></tr>
<tr><th>재료</th><td colspan="5">여러 가지 색상의 펠트지, 두꺼운 도화지, PVC필름, 실, 바늘, 글루건, 단추, 구슬, 비즈, 나뭇잎 조화, 과일 사진, 코팅지, 골판지, 플라스틱 컵, 빨대, 그물파우치</td></tr>
<tr><th>제작방법</th><td colspan="5">〈책 겉표지와 속지〉
① 8절지(272mm×394mm)의 두꺼운 도화지를 반으로 잘라 2장씩 파란색 펠트지 위에 놓는다(총 6장).
② 파란색 펠트지(20.5cm×28cm)를 한 장 더 감싸 바느질(버튼홀스티치)한다.
③ 책처럼 접을 수 있도록 두꺼운 도화지 사이에 3.5cm의 여유 공간을 둔다.
④ 위와 같은 방법으로 만든 속지 3개(총 5면, 10쪽)를 바느질(흠질)한다.
⑤ 양 겉표지 끝에 단추와 끈을 바느질하여 고정할 수 있도록 한다.</td></tr>
</table>

〈속지〉

1. 모양새 붙이기

① 1쪽에 '모양새'를 보관할 수 있는 주머니를 만든다. 15.5cm×16cm의 직사각형 펠트지와 구름 모양의 펠트지로 잘라 까슬이와 보슬이를 붙인다. 비즈로 주머니를 꾸민다.

② 2쪽에 펠트지로 나뭇가지와 풀, 꽃을 잘라 속지에 붙인다. 나뭇잎 조화로 나뭇가지를 꾸민다. 모양새는 4cm~4.5cm의 크기로 하며 여러 가지 모양(동그라미, 사다리꼴, 세모, 네모)으로 잘라 솜을 넣고 바느질(버튼홀 스티치)한다. 모양새에 까슬이, 모양틀에 보슬이를 붙인다.

2. 아기 캥거루를 찾아주세요

① 갈색 펠트지로 17cm×24.5cm 크기의 엄마 캥거루를 만든다. 머리 부분을 한 번 더 만들어 덧댄다. 주머니는 펠트지 두 장을 겹쳐 몸통에 바느질(홈질)한다. 눈알을 붙인다.

② 다양한 색깔(갈색, 흰색, 회색, 보라색, 하늘색, 노란색, 빨간색)로 3.5cm×5.5cm 크기의 아기 캥거루를 만든다. 머리 부분을 한 번 더 만들어 덧댄다. 눈알 스티커, 펠트지로 손과 발을 오려 글루건으로 붙인다.

③ 4쪽 속지 면에 보슬이 질감의 펠트지를 붙인다. 아기 캥거루 몸통 뒤에 까슬이를 붙인다.

3. 무지개 물고기 비늘을 구해주세요

① 파란색과 흰색 펠트지로 사다리꼴 모양(16cm×10.5cm)의 배 밑면을 만든다. 플라스틱 컵을 1/4만 잘라 붙인다. 요구르트 빨대와 빨간색 펠트지로 만든 깃발을 붙인다. 골판지를 돌돌 말아 기둥을 표현한다. 그물망 파우치를 작게 바느질(홈질)하여 그 끈을 골판지에 끼운다.

② EVA를 물고기 모양(17.5cm×13cm)으로 오린다. 보슬이 질감의 펠트지를 물고기 모양으로 오려 EVA 위에 붙인다. 눈알을 글루건으로 붙인다. 다양한 색(빨간색, 주황색, 노란색, 갈색, 파란색, 하늘색, 분홍색)의 펠트지를 오려 안에 솜을 넣고 붙인다.

4. 색 돋보기로 살펴봐요

① 동그라미(최대 지름 길이 14cm), 세모(21cm×8cm), 네모(15cm×15cm)로 펠트지를 2개씩 오린다. 가운데 빨간색, 초록색, 파란색 PVC필름을 펠트지보다 0.8cm 작게 오려 글루건으로 부착한다.

② 펠트지를 덧대고, 바깥쪽은 바느질(버튼홀 스티치)한다.

5. 알록달록 과일 색상환

① 보슬이 질감의 펠트지를 속지에 부착한다. 각 색상환 조각은 다양한 색(빨간색, 노란색, 흰색, 갈색, 보라색, 주황색) 펠트지를 모양에 맞게 오려 안에 솜을 넣고 글루건으로 붙인다.

② 과일은 모양에 맞게 오려 코팅하고, 까슬이를 붙인다. 이때 과일은 일러스트가 아닌 실제 실물 사진으로 선택한다.

6. 냠냠 피자를 꾸며요

① 펠트지로 최대 지름 길이 16cm의 동그라미(피자 도우 및 소스), 치즈 모양을 오려 부착한다. 속지에 부착할 때 안에 솜을 넣고 글루건으로 붙인다. 피자 꾸미기 재료는 펠트지를 겹쳐서 각각 모양(동그라미 : 페퍼로니, 올리브/ 세모 : 치즈/ 네모 : 피망)으로 나누어 만든다. 뒷면에 까슬이를 붙인다. 단, 페퍼로니는 최대 지름 길이 3cm, 올리브는 최대 지름 길이 1.5cm, 치즈는 4cm×2cm, 피망은 3cm×3cm로 한다.

② 피자 재료를 보관할 수 있는 냉장고(8.5cm×11cm)와 서랍장(최대 지름 길이 : 11cm)을 펠트지로 오려 만든다. 비즈를 글루건으로 붙여 손잡이를 만든다.

③ '냠냠 피자' 글자는 3cm×3.5cm의 크기로 펠트지를 오려 붙인다. 포크와 피자삽, 요리사 얼굴 등을 코팅하여 까슬이로 붙인다.

<table>
<tr><td>활동방법</td><td>① 모양새 붙이기 : 주머니에서 모양새들을 꺼내 나뭇가지 위 그림자 모양과 같은 모양새를 붙여본다.
② 아기 캥거루를 찾아주세요 : 여러 가지 색의 아기 캥거루 중 엄마 캥거루와 같은 색깔의 아기 캥거루를 찾아 엄마 캥거루 주머니에 넣어본다. 혹은 다양한 색의 아기 캥거루로 역할 놀이할 수도 있다.
③ 무지개 물고기 비늘을 구해주세요 : 배가 던진 그물 속에서 비늘을 찾아 자유롭게 무지개 물고기를 꾸민다.
④ 색 돋보기로 살펴봐요 : 동그라미, 세모, 네모의 PVC 색 돋보기로 주변 환경을 살펴본다. 색 돋보기를 겹쳐 어떤 색이 나오는지 관찰한다.
⑤ 알록달록 과일 색상환 : 책에 붙어있는 다양한 과일 사진들의 색을 관찰하고 분류해 본다.
⑥ 냠냠 피자를 꾸며요 : 냉장고와 보관함에서 모양별로 분류된 피자 재료를 꺼낸 후 다양한 방법으로 붙이며 피자를 꾸민다.</td></tr>
<tr><td>교구의 전체적인 모습</td><td>
그물에서 비늘을 꺼내어 물고기의 몸통을 자유롭게 꾸미고 있음
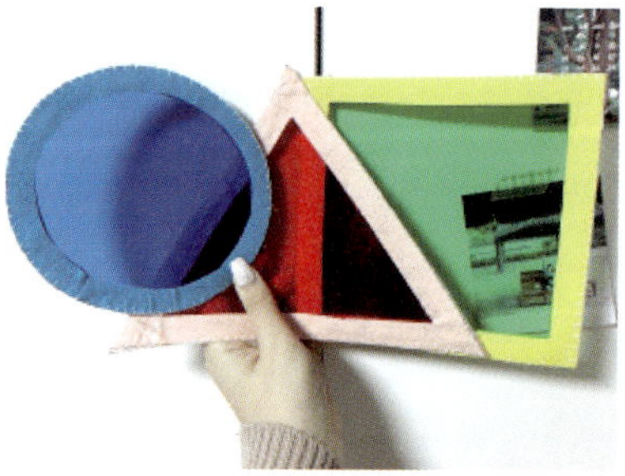
다양한 모양의 색 돋보기를 겹쳐 사물 관찰하기</td></tr>
<tr><td>참고문헌</td><td>https://www.youtube.com/watch?v=W56ZNMEbRaY_버튼홀 스티치 하는 법
이대균·백경순·송정원·이현정(2021). 유아문학교육(제4판). 공동체
미리캔버스(miricanvas)_과일 사진, 요리사 및 포크 일러스트</td></tr>
</table>

3. 병원에 가요

<table>
<tr><th>생활주제</th><td>우리 동네</td><th>주제</th><td>우리 동네 기관</td><th>연령</th><td>3세</td></tr>
<tr><th>교구명</th><td colspan="2">병원에 가요</td><th>흥미영역</th><td colspan="2">역할영역</td></tr>
<tr><th>교육과정
관련요소</th><td colspan="5">• 사회관계 〉 사회에 관심 가지기 〉 내가 살고 있는 곳에 대해 궁금한 것을 알아본다.
• 예술경험 〉 창의적으로 표현하기 〉 극놀이로 경험이나 이야기를 표현한다.</td></tr>
<tr><th>기대되는
효과</th><td colspan="5">• 병원에 갔던 경험을 떠올리며 표현한다.
• 친구와 극놀이에 즐겁게 참여하며 긍정적인 사회관계를 맺는다.</td></tr>
<tr><th>재료</th><td colspan="5">하드보드지(2장), 펠트지(검정색, 빨간색, 노란색, 주황색, 연두색, 초록색, 흰색, 분홍색, 하늘색, 파란색, 갈색, 회색), 모루(주황색), 까슬이와 보슬이, 탈지면, 붕대</td></tr>
<tr><th>제작방법</th><td colspan="5">1. 책자
① 하드보드지를 21cm×26cm 크기로 3장 자른다.
② 첫 번째 페이지는 하늘색과 연두색 펠트지로 감싼다.
③ 나무, 신호등, 차선을 붙여 꾸민다.
④ 두 번째 페이지는 병원 건물을 잘라 붙인다.
⑤ 병원 침대(12.5cm×10cm)를 잘라 붙인다.
⑥ 앞표지에 교구 이름인 '병원에 가요' 글씨를 잘라 붙인다.
⑦ 진료도구, 약 봉투, 의상 등을 붙일 수 있도록 까슬이와 보슬이를 붙인다.

</td></tr>
</table>

2. 등장인물

① 등장인물 뽀로로, 루피, 크롱 도안을 준비한다.

② 뽀로로는 7cm×11cm, 루피는 7.5cm×12.5cm, 크롱은 8cm×9cm 크기로 도안을 준비한다.

③ 뽀로로 – 파란색, 하얀색, 노란색, 주황색, 검은색 펠트지

루피 – 분홍색, 하얀색, 검은색, 갈색 펠트지

크롱 – 연두색, 빨간색, 검은색, 초록색 펠트지

④ 펠트지를 도안대로 오려 등장인물을 완성한다.

3. 의상(의사, 간호사)

① 흰색 펠트지를 3.5cm×6cm 크기로 자른다.

② 빨간색 펠트지를 오려 만든 병원 마크를 한가운데에 부착한다.

③ 간호사 의상 흰색 펠트지를 6cm×4.5cm 크기로 자른다.

④ 빨간색 펠트지를 오려 만든 병원 마크를 오른편 가슴 부분에 부착해서 간호사 모자를 완성한다.

⑤ 파란색, 회색, 흰색 펠트지를 사용해 6.5cm×4cm 크기로 의사 모자를 만든다.

⑥ 의사 의상 흰색 펠트지를 4cm×7cm 크기로 잘라 의상을 만든다.

⑦ 파란색 펠트지를 오려 만든 병원 마크를 오른편 가슴 부분에 부착한다.

4. 청진기

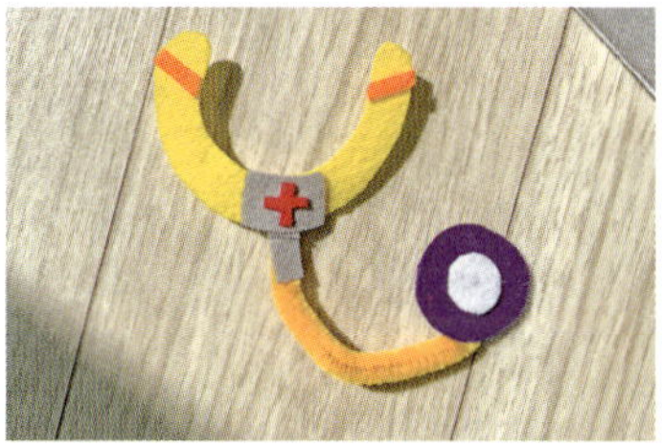

① 노란색 펠트지를 6.5cm×5.5cm로 잘라 청진기 틀을 만든다.

② 노란색 모루(7cm)로 청진기의 고무관을 만든다.

③ 청진기의 틀 - 고무관 - 진동판 순서대로 이어 붙인다.

④ 까슬이와 보슬이를 붙여 등장인물에 붙였다 떼었다 할 수 있도록 한다.

5. 구급차

① 흰색 펠트지를 11.5cm×8cm 크기로 잘라 구급차를 만든다.

② 검은색, 회색, 노란색 펠트지를 이용해 구급차를 꾸민다.

③ 뒷면에도 같은 흰색 펠트지를 붙이고 똑같이 꾸민다.

6. 진료도구 세트

1) 진료도구 수납함

① 하늘색 펠트지를 19.5cm×11cm 크기로 자른다.

② 흰색 펠트지를 같은 크기로 자른 뒤 주머니 모양을 낸다.

③ 진료도구를 수납할 수 있도록 글루건으로 가장자리만 붙인다.

④ 반으로 접는다.

⑤ 까슬이와 보슬이를 이용해 수납함을 접었다 펼칠 수 있도록 한다.

2) 솜과 붕대

① 탈지면을 손으로 뜯어 풍성하게 만든다.

② 하얀색 펠트지 위에 글루건을 이용해 풍성해진 탈지면을 붙인다.

③ 실물 붕대를 13cm로 잘라 준비한다.

7. 진료도구

* 약 10~11cm 크기로 통일하여 제작함

① 주사기 : 흰색 펠트지를 주사기 모양으로 자른다. 연두색으로 주사기 안의 약물을 표현한다. 검은색 펠트지로 주사기의 눈금을 표현한다.

② 체온계 : 노란색 펠트지로 몸체를 만든다. 흰색 펠트지로 온도가 표시되는 디지털 판을 만든다.

③ 가위 : 빨간색 펠트지를 이용하여 가위 손잡이를, 회색 펠트지를 긴 반원 모양으로 잘라 가위 날을 만든다.

④ 집게 : 회색 펠트지를 집게 모양으로 자른다. 윗부분을 글루건으로 붙여 집게를 완성한다.

8. 약봉투

① 흰색 펠트지를 10cm×10cm 크기로 잘라 두 개 준비한다.

② 두 개의 펠트지를 한 가장자리를 제외한 가장자리만을 이어 붙여 봉투 형태로 만든다.

③ 파란색 펠트지를 이용하여 약 봉투를 꾸민다.

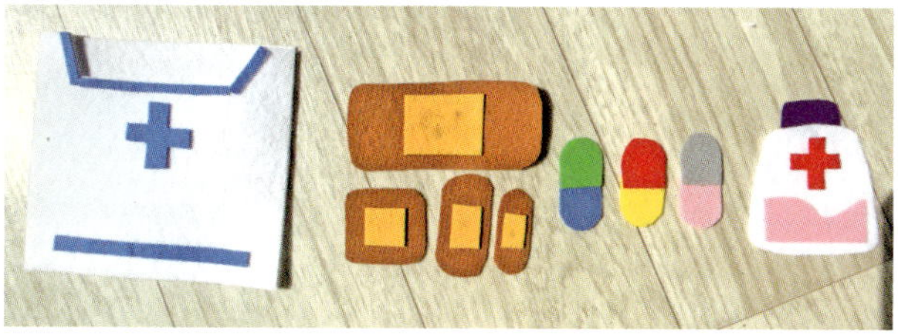

	9. 그 외 약 ① 밴드 : 갈색 펠트지를 여러 가지 네모 모양으로 자른다. 노란색 펠트지를 잘라 정중앙에 붙인다. ② 알약 : 파란색, 연두색, 빨간색, 노란색, 회색, 분홍색 펠트지를 잘라 알록달록 여러 가지 색의 알약을 만든다. ③ 물약 : 흰색 펠트지를 잘라 물약 통을 만든다. 보라색 펠트지를 잘라 뚜껑을 표현하고 분홍색 펠트지를 물결 모양으로 잘라 물약 내용물을 표현한다.
활동방법	① 우리 동네 기관, 병원놀이를 역할영역으로 연계해서 상황극을 한다. ② 혼자서 혹은 등장인물의 수에 따라 병원놀이를 진행할 수 있도록 격려한다. ③ 구급차–병원–진료–약처방 순서를 익히며 활동할 수 있도록 격려한다.
교구의 전체적인 모습	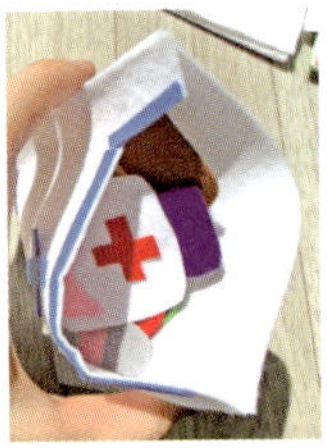   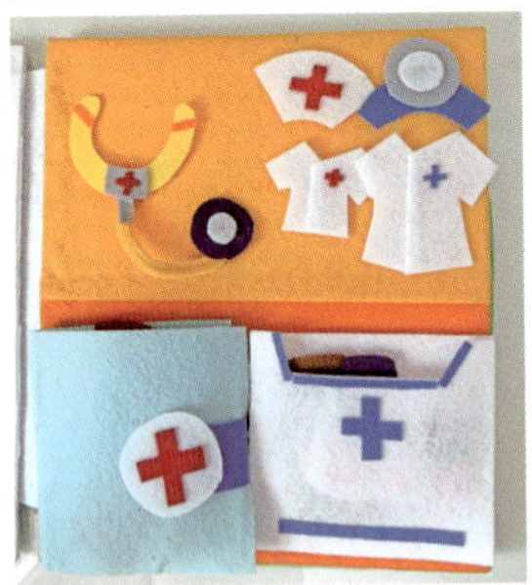
참고문헌	이대균·송정원(2020). 유아중심 놀이중심 교재 교구 연구 및 지도(제4판). 양서원

4. 얼굴을 꾸며봐요

<table>
<tr><th>생활주제</th><td>나와 친구</td><th>주제</th><td>화장을 해보아요</td><th>연령</th><td>3세</td></tr>
<tr><th>교구명</th><td colspan="2">얼굴을 꾸며봐요</td><th>흥미영역</th><td colspan="2">조작, 미술 영역</td></tr>
<tr><th>교육과정
관련요소</th><td colspan="5">• 예술경험 〉 창의적으로 표현하기 〉 다양한 미술 재료와 도구로 자신의 생각과 느낌을 표현한다.
• 사회관계 〉 더불어 생활하기 〉 친구와 서로 도우며 사이좋게 지낸다.</td></tr>
<tr><th>기대되는
효과</th><td colspan="5">• 화장품과 도구들을 직접 손으로 만져보며 소근육을 발달시킬 수 있다.
• 화장도구의 명칭을 익히고 내 얼굴을 꾸며볼 수 있다.
• 친구와 함께 화장놀이를 하면서 내 얼굴과 친구 얼굴을 대조해 볼 수 있다.</td></tr>
<tr><th>재료</th><td colspan="5">택배 상자, 거울종이, 펠트지(여러 색깔), 글루건, 가위, 풀, 테이프, 실, 바늘, 솜, 까슬이, 보슬이, 향수공병, 여러 색 폼폼이, 리본끈, 리본, 렌즈-마데카솔-연양갱 통, 헤어롤, 거울키트, 수선용 고무줄, 30cm자, 50cm자, 플라스틱 손잡이</td></tr>
<tr><th>제작방법</th><td colspan="5">〈교구 구성 품목〉
1. (거울, 주머니 달린) 메이크업 박스(택배 상자), 2. 빗, 3. 아이섀도우용 붓 2개(팁 브러시+모 브러시), 볼터치용 붓 1개(풍성한 모 브러시), 4. 손거울, 5. 쿠션 2개(폼폼이+팩트), 6. 파우치, 헤어롤 7. 립스틱 2개(빨강, 분홍), 8. 아이섀도우 2개(2구/ 6구), 9. 볼터치, 파우더, 얇은 팩트, 10. 드라이기, 11. 고데, 12. 네일아트 4개(2차원 2개/ 3차원 2개), 13. 로션 2개(2차원 1개/ 3차원 1개), 14. 마스크팩, 15. 향수, 16. 마스카라</td></tr>
</table>

1. 메이크업 박스

① 가로 32.5cm×세로 30.5cm×높이 17cm 크기의 상자를 재단하여 뚜껑이 열리게끔 한다(택배 상자의 여분지를 활용/ 미리 플라스틱 손잡이 넣는 구멍 재단하기).

② 택배 상자에 연보라색 펠트지를 내·외부에 붙인다(외관은 연보라색, 내관은 연보라색 + 흰색 펠트지를 섞어 사용).

③ 거울지를 내관 뚜껑 안쪽에 붙이고 주머니도 펠트지를 잘라 함께 같은 면에 붙인다.

④ 찍찍이를 여닫는 부분에 붙인 뒤, 칸막이를 달고, 손잡이를 달아 완성한다.

⑤ 외관에 흰색 펠트지를 붙여 여밈새를 숨기고, 화장품 모양으로 펠트지를 잘라 꾸민다.

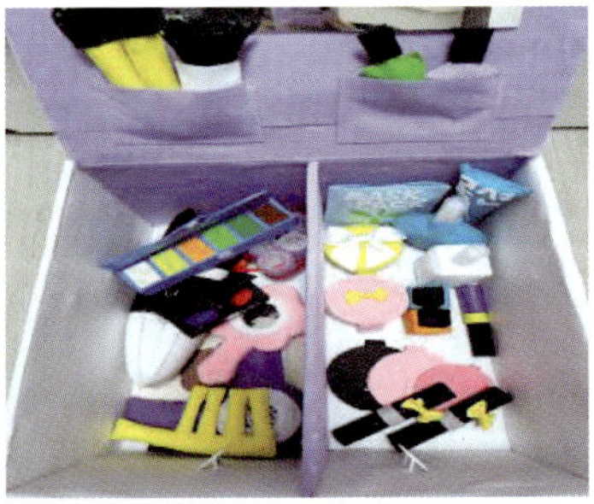

2. 빗

① 빗 모양으로 가로 7cm×세로 13cm 펠트지 2장을 자른 다음, 버튼홀 스티치를 하며 솜을 넣어 마무리한다.

3. 아이섀도우용 붓 2개, 볼터치용 붓 1개

① 가로 2cm×세로 9cm의 붓 기둥 2개와 가로 4cm×세로 6cm의 볼터치용 붓 기둥 1개 도안의 펠트지를 각각 자른다.

② 가로 3cm×세로 2.5cm의 붓털을 1개는 모 없이, 1개는 재단 후 가위질을 하여 모를 만들고 나머지 1개는 위에서 재단한 붓털 2개를 합쳐 더 크게 만든다.

③ ①~②에서 만든 것을 버튼홀 스티치를 하여 합친 뒤, 솜을 넣어 완성한다.

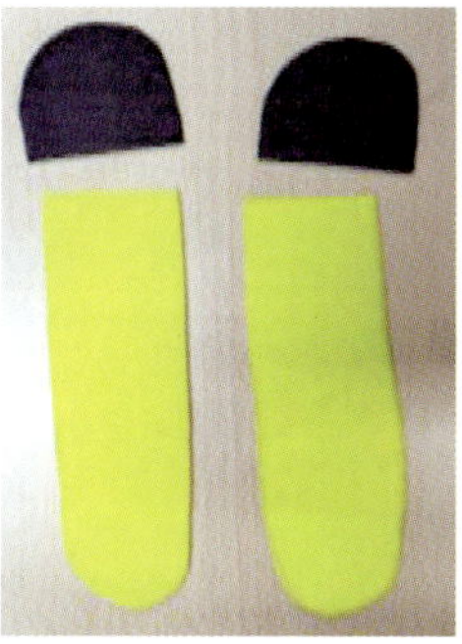

4. 손거울

① 나무거울 키트에 분홍 펠트지로 모든 면을 재단한 뒤, 글루건으로 펠트지를 감싸듯 붙인다.

5. 쿠션 2개(폼폼이 1+팩트 1)

① 쿠션 도안에 맞춰 펠트지를 자른 다음, 글루건으로 이어 붙인 뒤, 각각 폼폼이와 살색 펠트지와 솜을 넣어 버튼홀 스티치 한 파운데이션 밑바닥을 각 쿠션에 둔다.

② 퍼프 2개를 리본 끈을 솜이 있는 안쪽에 넣은 뒤, 각각 한 면은 흰색, 한 면은 살색으로 버튼홀 스티치를 해준다.

6. 파우치, 헤어롤 – 시중에 파는 제품 활용

7. 립스틱 2개(빨강, 분홍)

① 립스틱 도안에 맞춰 겉뚜껑과 밑부분을 제작한 뒤, 회색 띠를 둘러 뚜껑이 닫히게끔 만들고, 안에 솜을 채워 넣는다.

② 빨강, 분홍 펠트지로 립스틱 모양을 만든 뒤 립스틱 안쪽에 두른 후, 솜을 채워 넣고 글루건으로 마무리한다.

③ 리본을 달고 립스틱이 잘 열리고 닫히는지 확인한다.

8. 아이섀도우 2개(2구/ 6구)

① 마데카솔 통과 연양갱 통을 준비한다.

② 마데카솔 통에는 안에 렌즈통을 넣고 솜을 채운 뒤, 모든 면을 검정 펠트지로 감싸고, 섀도우용 빨강, 파랑 펠트지를 둥글게 잘라 붙인다.

③ 연양갱 통도 마찬가지로 안에 약통을 넣은 뒤, 솜을 채우고 모든 면을 파랑 펠트지로 감싼 뒤, 6개 색깔의 펠트지를 사각형으로 잘라 붙인다.

9. 볼터치, 파우더, 얇은 팩트

① 지름 3cm, 2.5cm, 2cm로 둥글게 펠트지를 자른 다음에, 거울지와 색지를 각각 붙인다.

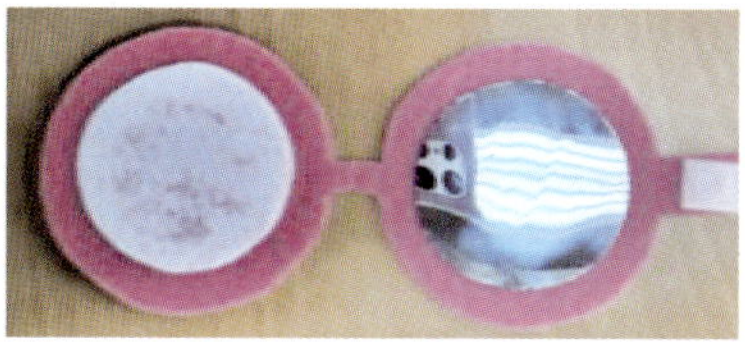

10. 드라이기

① 드라이기 도안에 맞춰 펠트지를 자른 뒤, 버튼홀 스티치 한 후, 뚜껑과 결합하여 제작한다.

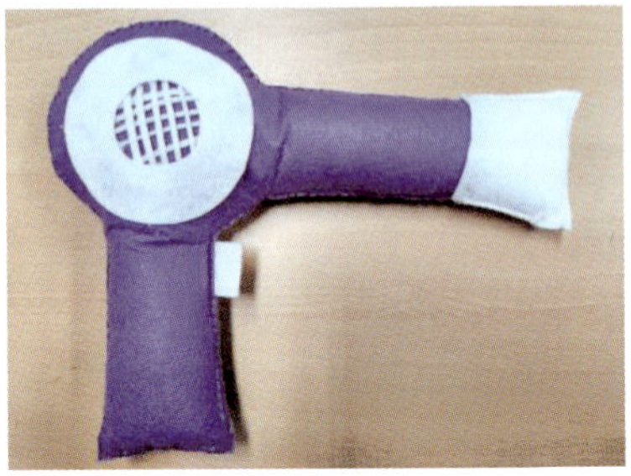
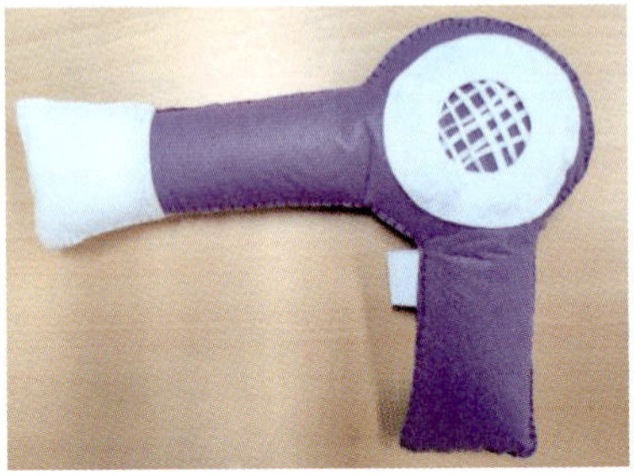

11. 고데

① 흰색 펠트지로 고데의 이음새 부분을 재단한다(가로 7cm×세로 10cm).

② 버튼홀 스티치로 전부 이어준 뒤, 검정색도 똑같이 재단한다(가로 7cm ×세로 15cm).

③ 검정색 펠트지에 회색 고데 판, 전원 버튼, 온도 조절 장치를 홈질한 뒤, 솜을 넣어 버튼홀 스티치 해준다.

④ 검정색 펠트지에 수선용 고무줄을 넣은 뒤, 검정색과 흰색 펠트지를 박음질로 이어준다.

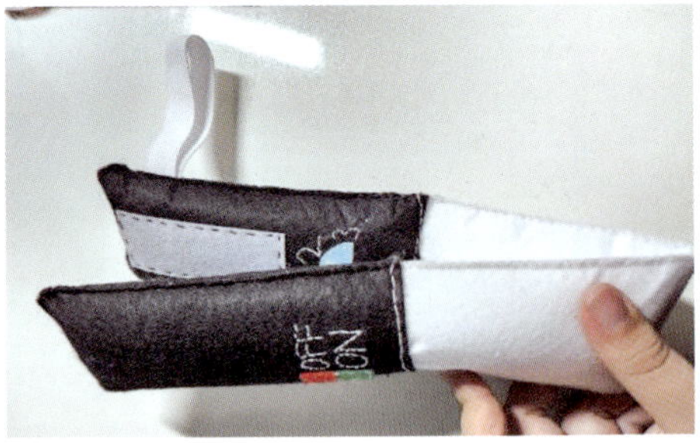

12. 네일아트 4개(2차원 2개/ 3차원 2개)

① 네일아트 병 모양과 뚜껑 모양으로 자른 뒤, 버튼홀 스티치 한다(2차원).

② 가로, 세로, 높이 각각 3cm의 정육면체 전개도를 그린 뒤 자르고, 또 검정 펠트지에는 가로, 세로, 높이가 각각 2cm인 정육면체 전개도를 그린 뒤 자른다(3차원/ 각각 2개씩).

③ 글루건으로 모두 이어 붙여준 뒤, 검은 펠트지로 붓을 만들어 검정 정육면체 전개도의 안쪽에 붙여 완성한다.

13. 로션 2개(2차원 1개/ 3차원 1개)

① 로션 모양으로 펠트지를 자른 다음, 버튼홀 스티치 해주고, 뚜껑 부분 안쪽에 따로 찍찍이를 붙여 뚜껑을 열었다 떼었다 할 수 있게 한다(2차원).

② 직육면체 전개도를 만들어 글루건으로 이어붙인 뒤, 안에 솜을 넣고 공병으로 나머지 부분을 채워 만든다.

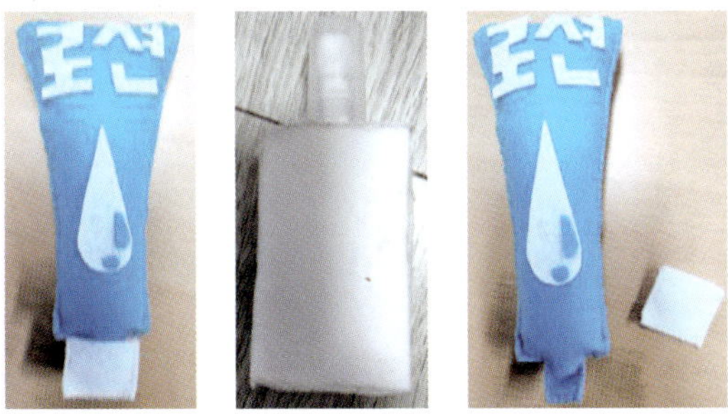

14. 마스크팩

① 흰색 펠트지를 마스크팩 모양에 맞춰 재단한 후, 자른다.

② 직사각형으로 펠트지를 재단하여 자른 뒤, 버튼홀 스티치를 해주고 안에 찍찍이를 붙여 마스크팩을 보관할 수 있게 만든다.

15. 향수

① 동그랗게 펠트지를 재단한 뒤, 버튼홀 스티치 해준 후, 안에 솜을 채워 넣고 공병을 넣는다.

16. 마스카라

① 립스틱 도안과 같은 도안으로 재단 후, 뚜껑에 길게 펠트지를 겹쳐 붙이고, 끝 부분에 글루건을 뿌린 다음, 미세하게 자른 펠트지를 붙여 완성한다.

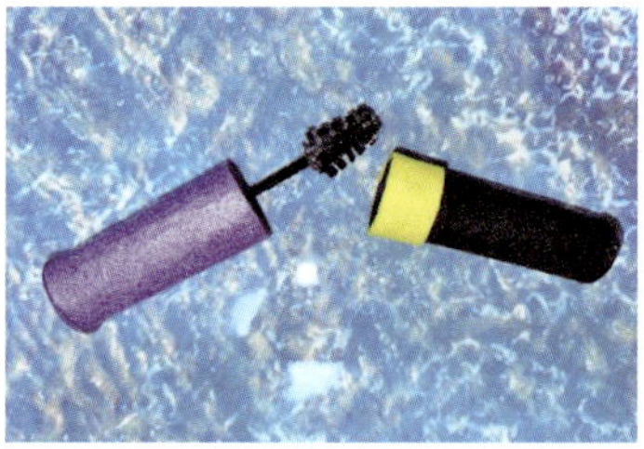

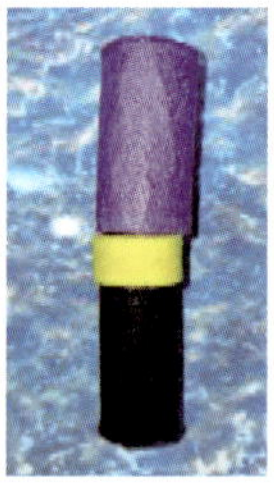

활동방법	① 친구와 함께 메이크업숍, 미용실 놀이를 하며 놀아본다.
참고문헌	https://blog.naver.com/bigmori/222531126404 https://blog.naver.com/bigmori/222540807706 https://blog.naver.com/younbs91/221885762922

5. 강아지를 돌봐요

<table>
<tr><td>생활주제</td><td>동식물과 자연</td><td>주제</td><td>동물과 우리 생활</td><td>연령</td><td>3세</td></tr>
<tr><td>교구명</td><td colspan="2">강아지를 돌봐요</td><td>흥미영역</td><td colspan="2">역할영역</td></tr>
<tr><td>교육과정
관련요소</td><td colspan="5">• 자연탐구 〉 자연과 더불어 살기 〉 주변의 동식물에 관심을 가진다.
• 자연탐구 〉 자연과 더불어 살기 〉 생명과 자연환경을 소중히 여긴다.</td></tr>
<tr><td>기대되는
효과</td><td colspan="5">• 강아지를 돌보면서 소근육 발달을 돕는다.
• 강아지에게 필요한 용품을 알 수 있다.
• 동물과 생명을 사랑하고 소중하게 대하는 마음을 배운다.</td></tr>
<tr><td>재료</td><td colspan="5">글루건, 바늘, 실, 가위, 칼, 자, 여러 색의 펠트지, 강아지 인형, 상자, 아이클레이(갈색), 뽕뽕이(분홍색, 하늘색), 폐품(일회용 플라스틱 컵, 요구르트 병, 작은 과자상자, 뚜껑 있는 용기, 뚜껑 없는 용기, 찐빵 용기), 지퍼백, 스티로폼 공, 끈, 솜, 작은 공병, 모루, 수수깡, 지끈, 투명시트지, 손코팅지, 구름솜, 양면테이프</td></tr>
<tr><td>제작방법</td><td colspan="5">1. 강아지
• 역할놀이의 생생함을 위해 적당한 크기와 네 발로 서 있는 인형 구매
</td></tr>
</table>

2. 강아지 집

① 안 쓰는 종이 상자를 가로 23cm×세로 26cm×너비 18.5cm로 제작한다. 접착 펠트지로 종이 상자를 감싼다. 앞부분을 14cm×19.5cm로 뚫어 문을 만들어 준다.

② 지붕을 만들 부분은 상자를 21cm×21cm로 맞춰서 세모 모양으로 제작한다. 지붕도 하늘색 펠트지를 붙여준다. 집과 지붕을 글루건으로 연결한다. 지붕을 붙이기 전 안에 상자를 세워 붙인 후 지붕을 단단하게 고정시킨다.

③ 지붕 위에는 손잡이가 들어갈 만큼 구멍을 낸 후 폐품을 활용해 손잡이를 끼워준다.

④ 앞면에 '콩이네 집'을 종이에 프린트하고 코팅한다. 펠트지를 뼈다귀 모양으로 오려서 강아지 집 문 위에 붙여준다.

3. 강아지 산책

1) 슬링백(강아지 가방)

① 8절 크기의 무늬 펠트지를 반으로 접어 안쪽으로 갈 부분을 바느질한다.

② 가방 밑부분 양쪽 모서리를 안쪽으로 접어 넣어서 박음질한다.

③ 8절 크기의 무늬 펠트지를 44cm×5cm 크기로 6등분하여 가방끈을 만든다. 자른 펠트지 세 개를 이어붙여 바느질한 후 가방 안쪽과 끈 부분을 바느질하여 고정시킨다. 가방끈의 총 길이는 86cm이다.

2) 목줄

① 포장끈을 재활용하여 목줄을 만든다. 포장끈 하나를 반으로 접어 양면테이프를 이용해 단단히 겹쳐 붙인다. 또 다른 포장끈을 똑같이 만든 후 두 개를 이어 묶어준다.

② 손잡이가 되는 부분은 손이 들어갈 만큼 사이즈를 측정해 동그랗게 묶어준다. 강아지 목에 연결할 부분은 까슬이와 보슬이를 이용해 떼고 붙일 수 있도록 한다.

3) 목걸이, 턱받이, 이름표

① 목걸이 : 안 쓰는 끈을 글루건으로 연결한 후 연결 부분을 펠트지로 감싸준다. 앞부분에 뽕뽕이 두 개를 붙인다.

② 턱받이 : 펠트지로 턱받이 부분과 끈 부분을 그려서 오린 후 붙인다. 턱받이 앞부분에 펠트지로 꽃 모양을 만들어 바느질하고 레이스를 테두리 부분에 달아준다.

③ 이름표 : 강아지 살 때 달려있던 택을 재활용하여 그 위에 펠트지와 글씨를 오려 붙인다.

4. 강아지 옷

① 양말과 모자는 구매한다.

② 두 종류의 강아지 옷은 시중에 판매하는 강아지 옷 중 제일 작은 사이즈를 사서 인형 크기에 맞춰 자른 후 바느질한다.

5. 강아지 먹이

1) 사료

① 초코송이 과자 상자(12.5cm×8.5cm)를 색지로 감싸준다. 앞면과 뒷면에 강아지 사료 그림을 프린트하여 붙이고 투명 시트지로 전체를 감싼다.

② 사료 상자 윗부분에 원 모양으로 구멍을 뚫고, 구멍을 막을 수 있게 기다란 모양으로 펠트지를 잘라 뚜껑을 만들어 준다. 펠트지 한쪽은 사료 상자 윗부분 구멍 옆에 붙인다. 까슬이와 보슬이를 펠트지와 박스에 하나씩 붙인다.

③ 안에 사료는 갈색 아이클레이로 동그란 모양을 만든다.

2) 캔 사료

① 뚜껑이 달린 플라스틱 용기(7.5cm×7.5cm×4cm)에 강아지 캔 사료 사진을 프린트하여 코팅 후 붙인다.

② 안에 사료는 갈색 아이클레이로 끝이 둥근 네모난 모양을 만든다.

3) 육포 간식

① 갈색 펠트지를 7cm×1cm 크기로 오려 두 개를 겹쳐 가운데 부분을 지그재그로 바느질한다.

② 테두리 부분을 버튼홀 스티치로 바느질하여 육포 간식을 만든다.

③ 10cm×8cm의 지퍼백에 동그란 모양으로 강아지 간식 사진을 프린트해 코팅한 후 붙인다.

4) 밥그릇, 뼈다귀

① 밥그릇 : 찐빵 용기(11.2cm×11.5cm×4cm)를 재활용한다. 펠트지로 전체를 감싼다.

② 뼈다귀 : 흰색 펠트지에 뼈다귀 모양(10cm×2.5cm, 8.5cm×1.5cm)을 각각 두 개 그려 오린 후 버튼홀 스티치로 바느질한다. 마무리하기 전에 구름솜을 넣어 입체감 있게 만든다.

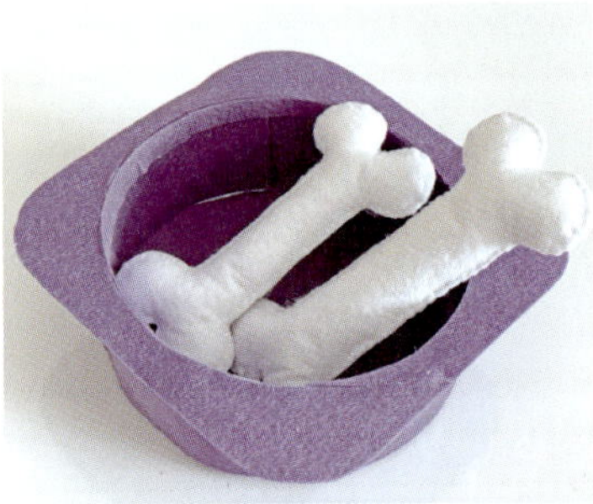

6. 강아지 놀잇감

① 인형 : 주황색 펠트지로 당근 모양(10cm×6cm)을 두 개 그려서 오린다. 버튼홀 스티치로 바느질하여 구름솜을 넣는다. 초록색 펠트지로 당근 잎 부분(5.5cm×3cm)을 만들어 몸통 부분과 붙여 바느질한다.

② 공 : 스티로폼 공에 수수깡을 잘라 감싸 붙인다.

7. 강아지 목욕

1) 드라이기

① 플라스틱 일회용 컵(16cm×8cm)에 구멍을 뚫어 요구르트병(13cm×6cm)을 끼워준다. 사이즈를 재서 빠지지 않게 뚫는다.

② 드라이기 앞부분에 플라스틱 용기(6.5cm×6.5cm)를 붙인다. 플라스틱 안에 뽕뽕이 세 개를 넣어 붙인다. 드라이기 머리 부분은 하늘색 펠트지로 감싸 붙인다.

③ 이어지는 부분에는 진분홍색 모루를 둘러준다. 드라이기 뒷부분은 하늘색 지끈을 양면테이프를 이용해 감싸준다. 드라이기 손잡이 부분은 모루로 감싸준다.

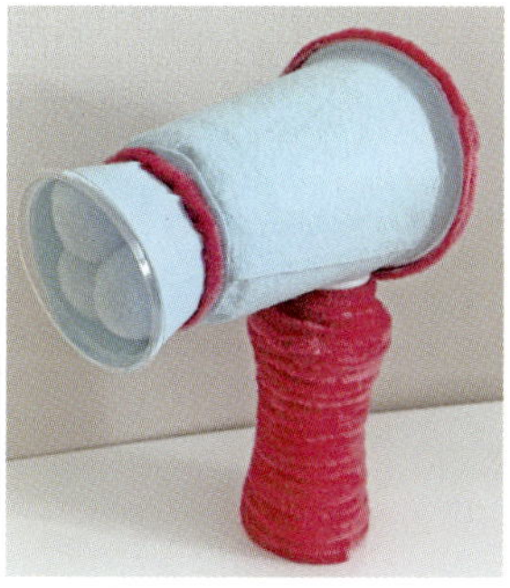

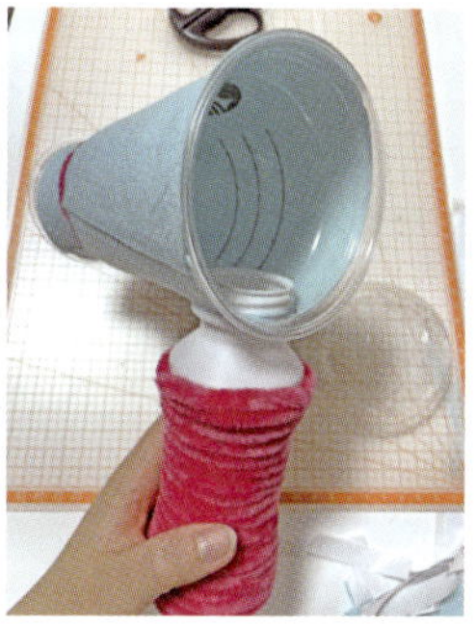

2) 수건

① 안 쓰는 천을 24cm×9cm로 두 장 잘라 겹쳐서 테두리를 바느질한 후 양쪽 모두 끝에서 4cm 정도 부분에 바느질해 수건 선 모양을 만든다.

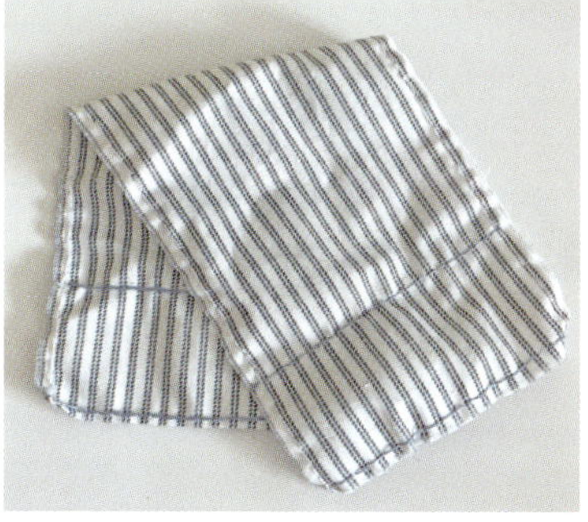

3) 샴푸, 린스

① 공병(7.5cm×3.5cm)에 샴푸와 린스 사진을 크기에 맞게 프린트하여 양면테이프로 감싸 붙인 후 투명 시트지로 감싼다. 안에 자르고 남은 수수깡을 넣어 색을 내준다.

4) 비누

① 흰색 펠트지(7cm×4.5cm) 두 장과 하늘색 펠트지(4.5cm×3cm) 하나를 잘라 흰색 펠트 위에 하늘색 펠트를 바느질해 붙인다. 흰색 펠트 두 장을 안에 구름 솜을 넣고 버튼홀 스티치 기법으로 바느질한다.

5) 빗 - 시중에 파는 제품 활용

활동방법	① 혼자 또는 여러 유아가 자유롭게 강아지 돌보는 역할놀이를 한다.
교구의 전체적인 모습	
참고문헌	드라이기 만들기 : https://blog.naver.com/sehee7613/220674899293

6. 유치원에 다녀왔어요

<table>
<tr><th>생활주제</th><td>유치원과 친구</td><th>주제</th><td>다양한 조작 놀이를 해요</td><th>연령</th><td>3세</td></tr>
<tr><th>교구명</th><td colspan="2">유치원에 다녀왔어요</td><th>흥미영역</th><td colspan="2">수·조작영역</td></tr>
<tr><th>교육과정
관련요소</th><td colspan="5">• 사회관계 〉 나를 알고 존중하기 〉 내가 할 수 있는 것을 스스로 한다.
• 신체운동·건강 〉 안전하게 생활하기 〉 일상에서 안전하게 놀이하고 생활한다.</td></tr>
<tr><th>기대되는
효과</th><td colspan="5">• 다양한 조작 놀이를 해보며 소근육 발달을 돕는다.
• 손과 눈의 협응력을 기를 수 있다.
• 유치원에서의 하루 일과에 대해 알 수 있다.</td></tr>
<tr><th>재료</th><td colspan="5">여러 가지 색상의 펠트지, 두꺼운 도화지, 실, 바늘, 양면테이프, 글루건, 단추, 까슬이, 보슬이, 지퍼, 펀치, 메탈 스냅 단추, 끈, 솜, 카드링, 수면양말, 음식 사진 등</td></tr>
<tr><th>제작방법</th><td colspan="5">〈펠트북〉

앞표지

뒤표지</td></tr>
</table>

1. 표지

① 연분홍색 펠트지 4장을 가로, 세로 25cm로 자른다.

② 두꺼운 도화지 2장을 가로, 세로 21cm로 자른다.

③ '유치원에 다녀왔어요!' 글자를 프린트한 후 자른다.

④ 진분홍색 펠트지에 '유치원'을 글루건을 사용해 붙이고 자른다.

⑤ 진보라색 펠트지에 '에 다녀왔어요!'를 글루건을 사용해 붙이고 자른다.

⑥ 살구색, 주황색, 빨간색, 하늘색, 갈색, 흰색 펠트지를 사용해 유치원을 만든다.

⑦ 만든 유치원과 글씨를 자른 연분홍색 펠트지 하나에 붙인다(앞표지용).

⑧ 앞표지 연분홍색 펠트지와 자른 연분홍색 펠트지 1개의 뒷면에 양면테이프를 붙인다.

⑨ 자른 두꺼운 도화지를 양면테이프가 붙은 앞표지 펠트지 정 가운데에 붙인 후 다른 양면 테이프가 붙은 다른 연분홍색 펠트지를 붙인다.

⑩ 버튼홀 스티치를 사용해 테두리를 바느질한다.

⑪ 앞표지 오른쪽 사이드 중앙에 메탈 스냅 단추를 달아준다.

⑫ 뒤표지도 앞표지와 같은 방법으로 양면테이프를 붙인 후 두꺼운 도화지를 붙이고 버튼홀 스티치를 사용해 바느질한다(오른쪽 사이드 중앙 2.5cm를 남겨둔다).

⑬ 남겨둔 2.5cm에 가로 7cm, 세로 2.5cm로 자른 연분홍색 펠트지 3장을 넣고 버튼홀 스티치를 사용해 바느질한 후 앞표지의 메탈 스냅 단추의 위치에 맞게 메탈 스냅 단추를 달아준다.

2. 속지

- 공통적으로 펠트지는 가로, 세로 20cm/ 두꺼운 도화지는 가로, 세로 16cm로 자른다.
- 해당 페이지에 필요한 것들을 다 붙인 후 속지끼리는 마지막에 바느질한다.

1) 침대를 정리해요

① 진한 노란색 펠트지를 이용해 카펫을 만들고 박음질을 사용해 자른 진한 파란색 펠트지에 붙인다.

② 갈색 펠트지를 사용해 침대를 그리고 ①에 박음질로 붙인다. 수면 양말을 잘라 솜을 넣고 버튼홀 스티치를 사용해 침구 세트를 만들고 글루건을 사용해 붙인다(이불의 왼쪽 부분만 글루건으로 붙인다). 침대 위와 진한 노란색 카펫에 보슬이를 하나씩 붙인다.

③ 살구색, 고동색, 연분홍색, 검정색, 흰색, 연한 파란색, 진한 파란색, 빨간색을 사용해 아이를 만든다. 만든 아이의 뒤에 까슬이를 붙인다.

④ 갈색 펠트지와 연한 살구색 펠트지를 사용해 액자를 만들고 진한 파란색 펠트지에 박음질로 붙인다. 그 후 연한 살구색 펠트지에 보슬이를 붙인다.

⑤ 연분홍색 펠트지와 연한 노란색 펠트지를 사용해 꽃 3개를 만들고 까슬이를 붙인다.

⑥ 검정색, 흰색 펠트지를 동그라미로 잘라(크기 : 검정>흰색) 박음질로 붙인다.

⑦ 볼펜을 이용해 숫자 3, 6, 9, 12를 그려주고 검정색 펠트지를 잘라 시계의 시침과 분침을 붙인다.

2) 얼굴을 씻어요

① 살구색, 고동색, 연분홍색, 검정색, 흰색, 연한 파란색, 빨간색 펠트지를 사용해 아이를 만들고 자른 연보라색 펠트지에 박음질로 붙인다.

② 흰색 펠트지와 연한 하늘색 펠트지를 잘라 세면대를 만들고 박음질을 사용해 연보라색 펠트지에 박음질로 붙인다. 그 후 보슬이를 여기저기 붙인다.

③ 검정색 펠트지로 먼지를, 하늘색 펠트지로 물을, 흰색으로 거품을 만들어 뒤에 까슬이를 붙인다.

3) 아침을 먹어요

① 살구색, 고동색, 연분홍색, 검정색, 흰색, 연한 파란색, 빨간색 펠트지를 사용해 아이를 만들고 자른 밝은 연두색 펠트지에 박음질로 붙인다.

② 연한 살구색 펠트지를 잘라 식탁을 만들고 밝은 연두색 펠트지에 박음질로 붙인다.
③ 주황색 펠트지를 잘라 그릇을 만들고 메탈 스냅 단추를 달아준다.
④ 흰색 펠트지에 메탈 스냅 단추를 달아준다.
⑤ 음식을 프린트해 메탈 스냅 단추를 달아둔 흰색 펠트지에 글루건으로 붙여 자른다(펠트지 2겹).
⑥ 아이의 입에 메탈 스냅 단추를 달아준다.

4) 유치원 가방을 챙겨요

① 진한 파란색, 빨간색, 밝은 노란색 펠트지를 사용해 가방을 그리고 박음질로 가방을 만든다. 이때 지퍼를 달 빨간색 펠트지는 지퍼의 크기만큼 가운데를 자르고 만든다.
② 연분홍색 펠트지를 잘라 솜을 넣고 버튼홀 스티치를 활용해 실내화를 만든다. 그 후 붉은 실을 사용해 일직선을 박음질로 넣어준다.
③ 나무젓가락을 자르고 그 위를 밝은 연두색으로 감싼다. 그 후 흰색 펠트지를 돌돌 말아 글루건으로 마무리하고 펠트지를 두른 나무젓가락에 붙인다.
④ 진분홍색 펠트지를 잘라 솜을 넣어 버튼홀 스티치로 마감해 치약을 만든다(치약 뚜껑 부분은 흰색 펠트지를 잘라 접어 박음질과 버튼홀 스티치로 붙여준다).

⑤ 연한 파란색 펠트지를 잘라 솜을 넣어 버튼홀 스티치를 사용해 물통을 만든다. 흰색 펠트지를 돌돌 말아 물통 뚜껑을 만들어 글루건으로 붙여준다.

⑥ 하늘색 펠트지에 물방울 모양을 그려 자른 후 ⑤에 박음질로 붙여준다.

⑦ 가방을 자른 주황색 펠트지(속지)에 박음질로 붙인 후 가방 주변에 보슬이를 4개 붙인다.

⑧ ②, ③, ④, ⑥에 까슬이를 붙이고 ⑦에 붙여준다.

5) 친구와 놀아요

① 연한 노란색 펠트지를 잘라 자른 연두색 펠트지에 박음질로 붙인다.

② 진한 노란색, 흰색, 연한 하늘색, 고동색, 갈색, 진한 하늘색, 검정색, 빨간색, 연분홍색, 살구색 펠트지를 활용해 아이 2명을 만들고 박음질로 붙인다.

③ 연두색 펠트지와 밝은 연두색 펠트지를 활용해 버튼홀 스티치로 바구니를 만든 후 박음질로 바구니를 붙인다.

④ 펠트지를 잘라 블록을 만든 후 가운데를 뚫고 바구니에 넣어준다.

⑤ 자른 펠트지와 같은 색의 실을 사용해 가이드 선을 박음질로 만든다.

⑥ ⑤의 가운데에 다양한 크기의 단추를 단다.

6) 점심을 먹어요

① 흰색 펠트지를 잘라 자른 진분홍색 펠트지(속지)에 박음질로 붙인다.

② 진한 노란색, 살구색, 고동색, 검정색, 흰색, 빨간색, 연분홍색 펠트지를 사용해 입을 활짝 벌린 아이를 만든다(입을 만들 때는 입을 뚫고 뒤에 빨간색 펠트지를 붙인다).

③ 회색 펠트지로 식판을 만들고 음식을 붙여야 할 곳을 뚫어 뒤에 회색 펠트지를 다시 붙여준다.

④ 음식을 붙여야 할 곳과 아이의 입 안에 보슬이를 붙인다.

⑤ 음식을 프린트하고 잘라 2겹의 흰색 펠트지에 붙인다.

⑥ ⑤를 잘라 뒤에 까슬이를 붙인다.

7) 양치를 해요

① 고동색, 하얀색, 살구색, 검정색, 진한 노란색, 빨간색, 연분홍색을 사용해 아이를 만든다.
② 아이의 입을 들었을 때 입안이 나올 수 있도록 밑은 얼굴형과 귀를 만들어 붙인다.
③ 얼굴 표정을 만들어 중간까지만 ②에 글루건으로 붙인다.
④ 입안을 표현하기 위해 빨간색 펠트지를 잘라 붙인다.
⑤ 그 위에 흰색 펠트지에 치아를 그려 ④ 위에 붙인다.
⑥ 연분홍색 펠트지와 검정색 펠트지를 잘라 입속 디테일을 살려준다.
⑦ 플라스틱 수저 뒷부분을 자르고 연한 연두색을 둘러주고 위를 막는다.
⑧ ⑦의 뚫려있는 부분으로 솜을 넣고 막는다.
⑨ 흰색 펠트지를 돌돌 말아 ⑧에 붙여 칫솔을 만들고 뒤에 까슬이를 붙여준다.
⑩ 진분홍색 펠트지를 잘라 안에 솜을 넣어 버튼홀 스티치로 마무리하고 흰색 펠트지를 잘라 치약 뚜껑 부분을 박음질, 버튼홀 스티치를 활용해 만들어 준다.
⑪ ⑩에 박음질을 사용해 치약이라는 글자를 만들고 뒤에 까슬이를 붙인다.
⑫ 속지 양 끝을 뚫고 검정 끈을 넣고 고정시킨다.
⑬ 앞으로 나온 끈을 치약과 칫솔에 붙인다.

8) 밖에서 놀아요

① 갈색 펠트지를 자르고 속지에 박음질로 붙인다.

② 연분홍색, 진분홍색, 진보라색을 사용해 미끄럼틀을 만들고 글루건으로 붙인다.

③ 그네는 검정 끈을 같은 길이로 4개 자르고 진분홍색 펠트지로 앉는 곳을 만들어 서로 이어 붙이고 미끄럼틀과도 붙인다.

④ ③ 뒤에 흰색 펠트지를 붙이고 ①에 붙인다(그네는 움직일 수 있도록 붙이지 않는다).

⑤ 연한 살구색, 진한 노란색, 연한 노란색을 사용해 시소를 만든다.

⑥ 시소의 중앙 부분만 바느질로 붙여 시소가 움직일 수 있게 만든다.

⑦ 연두색 펠트지를 잘라 꾸며줄 식물을 만들고 글루건으로 붙인다.

9) 집에 갈 준비를 해요

① 밝은 연두색 펠트지를 잘라 자른 초록색 펠트지에 박음질로 붙인다.

② 갈색 펠트지로 교구장을 만들고 4개의 구멍을 뚫는다.

③ ②에 뚫린 구멍을 ② 뒤에 고동색 펠트지를 붙여 막아준다.

④ ③을 자른 초록색 펠트지에 박음질로 붙이고 밑에 있는 2칸에 보슬이를 붙인다. 교구장 옆 연한 연두색에도 보슬이를 붙인다.

⑤ 진한 파란색, 진한 하늘색, 연두색, 주황색 펠트지를 두 겹으로 직사각형 모양으로 잘라 글루건으로 붙인다.

⑥ 진한 파란색, 빨간색, 연한 노란색 펠트지를 사용해 작은 가방을 만들고 뒤에 까슬이를 붙인다.

⑦ 진한 노란색 펠트지로 작은 모자를 만들고 뒤에 까슬이를 붙인다.

⑧ 고동색, 살구색, 빨간색, 연분홍색, 검정색, 흰색, 진한 노란색, 진한 하늘색 펠트지를 사용해 아이를 만들고 뒤에 흰색 펠트지를 붙여주고 까슬이를 붙인다.

⑨ 연한 하늘색, 진한 하늘색 펠트지를 동그라미로 자른다(크기 : 진한 하늘색>연한 하늘색).

⑩ 자른 동그라미를 글루건으로 붙이고 속지에 박음질로 붙인다.

⑪ 볼펜을 사용해 12, 3, 6, 9, 시침과 분침을 그린다.

10) 유치원 버스를 타고 집으로 가요

① 회색 펠트지를 잘라 자른 진한 하늘색에 박음질로 붙인다. 메탈 스냅 단추를 단다.

② 검정색, 살구색, 흰색, 청록색, 진한 노란색, 고동색, 빨간색, 연분홍색 펠트지를 사용해 아이 2명을 만든다(노란색 아이에게 메탈 스냅 단추를 단다).

③ 연한 노란색, 진한 노란색, 검정색, 연한 하늘색, 진한 하늘색, 연두색, 진분홍색 펠트지를 사용해 버스를 만들고 박음질로 마무리한다.

④ 창문을 만들기 위해 첫 번째, 가운데 창문은 구멍을 뚫어 버스 뒤에 연한 하늘색 펠트지를 붙이고 세 번째 창문은 버스 앞에 붙인다(가운데 창문은 노란색 아이가 들어갈 수 있도록 고려하여 만든다).

⑤ 가운데 창문에 메탈 스냅 단추를 단다.

	⑥ 진한 하늘색 옷을 입은 아이는 글루건을 이용해 첫 번째 창문에 단다. ⑦ 버스 양 끝에 작은 구멍을 내고 속지에도 작은 구멍 2개를 낸다. ⑧ 탄성이 있는 노란색 끈을 속지와 버스 구멍에 넣어 버스가 움직일 수 있게 만든다. **3. 책 만들기** ① {(1),(2)}, {(3),(4)}, {(5),(6)}, {(7),(8)}, {(9),(10)}끼리 표지와 같은 방법을 사용해 바느질한다. ② 표지와 속지에 펀치 구멍을 3개 뚫고 카드링으로 연결해 책을 완성한다.
활동방법	① **침대를 정리해요** : 이불 속에 있는 아이를 빼낸 후 침대를 정리한다. ② **얼굴을 씻어요** : 얼굴에 붙어있는 먼지를 물과 거품을 이용해 씻고 없애본다. ③ **아침을 먹어요** : 식탁 위에서 아침을 먹어본다. ④ **유치원 가방을 챙겨요** : 유치원에 가져갈 물품들을 가방에 챙겨본다. ⑤ **친구와 놀아요** : 블록과 아이들을 움직이며 논다. ⑥ **점심을 먹어요** : 아이의 입을 열어 식판에 있는 음식을 먹여본다. ⑦ **양치를 해요** : 아이의 입을 열어 이를 닦아본다. ⑧ **밖에서 놀아요** : 시소, 그네 등을 움직이며 놀아본다. ⑨ **집에 갈 준비를 해요** : 가방, 모자 등을 챙기며 집에 갈 준비를 한다. ⑩ **유치원 버스를 타고 집으로 가요** : 아이를 버스에 태운 후 줄에 달려 있는 버스를 움직여 본다.
참고문헌	https://blog.naver.com/b_open/222762132391

제**3**부

4세아 교재·교구 제작하기

제7장 | 4세아를 위한 교육과정 내용 이해하기

제8장 | 4세아 우수 교재·교구 사례 분석하기

제7장

4세아를 위한 교육과정 내용 이해하기

1. 2015 연령별 누리과정에서 4세아 신체운동·건강 영역의 내용
2. 2015 연령별 누리과정에서 4세아 의사소통 영역의 내용
3. 2015 연령별 누리과정에서 4세아 사회관계 영역의 내용
4. 2015 연령별 누리과정에서 4세아 예술경험 영역의 내용
5. 2015 연령별 누리과정에서 4세아 자연탐구 영역의 내용

제7장

4세아를 위한 교육과정 내용 이해하기

4세아를 위한 교재·교구를 제작하기 위해서는 우선 4세아를 위한 교육과정의 5개 영역별 세부내용에 대한 이해가 선행되어야 한다. 2019 개정 누리과정에는 연령별 세부내용이 제시되어 있지 않으므로 2015 연령별 누리과정의 세부내용을 참고하면 다음과 같다.

1. 2015 연령별 누리과정에서 4세아 신체운동·건강 영역의 내용

2015 연령별 누리과정에 제시되어 있는 4세아 신체운동·건강 영역의 세부내용은 다음과 같다. 좀 더 자세한 설명이 필요한 경우에는 누리과정 해설서를 참고하면 도움을 받을 수 있다.

내용 범주	내 용	4세 세부내용
신체 인식하기	감각능력 기르고 활용하기	감각적 차이를 구분한다.
		여러 감각기관을 협응하여 활용한다.
	신체를 인식하고 움직이기	신체 각 부분의 특성을 이해하고 활용하여 움직인다.
		자신의 신체를 긍정적으로 인식하고 움직인다.

<table>
<tr><td rowspan="6">신체조절과 기본운동 하기</td><td rowspan="4">신체 조절하기</td><td>다양한 자세와 움직임에서 신체균형을 유지한다.</td></tr>
<tr><td>공간, 힘, 시간 등의 움직임 요소를 활용하여 움직인다.</td></tr>
<tr><td>신체 각 부분을 협응하여 움직임을 조절한다.</td></tr>
<tr><td>눈과 손을 협응하여 소근육을 조절해 본다.</td></tr>
<tr><td rowspan="2">기본 운동하기</td><td>걷기, 달리기, 뛰기 등 다양한 이동운동을 한다.</td></tr>
<tr><td>제자리에서 몸을 다양하게 움직인다.</td></tr>
<tr><td rowspan="5">신체 활동에 참여하기</td><td rowspan="3">자발적으로 신체 활동에 참여하기</td><td>신체 활동에 자발적이고 지속적으로 참여한다.</td></tr>
<tr><td>다른 사람과 함께 하는 신체 활동에 참여한다.</td></tr>
<tr><td>자신과 다른 사람의 운동능력의 차이에 관심을 갖는다.</td></tr>
<tr><td>바깥에서 신체 활동하기</td><td>규칙적으로 바깥에서 신체 활동을 한다.</td></tr>
<tr><td>기구를 이용하여 신체 활동하기</td><td>여러 가지 기구를 이용하여 신체활동을 한다.</td></tr>
<tr><td rowspan="10">건강하게 생활하기</td><td rowspan="2">몸과 주변을 깨끗이 하기</td><td>손과 이를 깨끗이 하는 방법을 알고 실천한다.</td></tr>
<tr><td>주변을 깨끗이 하는 습관을 기른다.</td></tr>
<tr><td rowspan="3">바른 식생활하기</td><td>음식을 골고루 먹는다.</td></tr>
<tr><td>몸에 좋은 음식을 알아본다.</td></tr>
<tr><td>음식을 소중히 여기고 식사예절을 지킨다.</td></tr>
<tr><td rowspan="3">건강한 일상생활하기</td><td>규칙적으로 잠을 자고, 적당한 휴식을 취한다.</td></tr>
<tr><td>하루 일과에 즐겁게 참여한다.</td></tr>
<tr><td>바른 배변 습관을 가진다.</td></tr>
<tr><td rowspan="2">질병 예방하기</td><td>질병을 예방하는 방법을 알고 실천한다.</td></tr>
<tr><td>날씨와 상황에 알맞게 옷을 입는다.</td></tr>
<tr><td rowspan="7">안전하게 생활하기</td><td rowspan="3">안전하게 놀이하기</td><td>놀이기구나 놀잇감, 도구를 안전하게 사용한다.</td></tr>
<tr><td>안전한 장소를 알고 안전하게 놀이한다.</td></tr>
<tr><td>TV, 인터넷, 통신기기 등의 위해성을 알고, 바르게 사용한다.</td></tr>
<tr><td rowspan="2">교통안전 규칙 지키기</td><td>교통안전 규칙을 알고 지킨다.</td></tr>
<tr><td>교통수단을 안전하게 이용한다.</td></tr>
<tr><td rowspan="2">비상시 적절히 대처하기</td><td>학대, 성폭력, 실종. 유괴상황 시 도움을 요청하는 방법을 알고 행동한다.</td></tr>
<tr><td>재난 및 사고 등 비상시 적절하게 대처하는 방법을 알고 행동한다.</td></tr>
</table>

2. 2015 연령별 누리과정에서 4세아 의사소통 영역의 내용

2015 연령별 누리과정에 제시되어 있는 4세아 의사소통 영역의 세부내용은 다음과 같다. 좀 더 자세한 설명이 필요한 경우에는 누리과정 해설서를 참고하면 도움을 받을 수 있다.

내용 범주	내 용	4세 세부내용
듣 기	낱말과 문장 듣고 이해하기	낱말의 발음에 관심을 가지고 듣는다.
		일상생활과 관련된 낱말과 문장을 듣고 뜻을 이해한다.
	이야기 듣고 이해하기	다른 사람의 이야기를 듣고 이해한다.
		이야기를 듣고 궁금한 것에 대해 질문한다.
	동요, 동시, 동화 듣고 이해하기	동요, 동시, 동화를 다양한 방법으로 듣고 즐긴다.
		전래 동요, 동시, 동화를 듣고 우리말의 재미를 느낀다.
	바른 태도로 듣기	다른 사람의 이야기를 주의 깊게 듣는다.
말하기	낱말과 문장으로 말하기	친숙한 낱말을 정확하게 발음해 본다.
		다양한 낱말을 사용하여 말한다.
		일상생활에서 일어나는 일들을 간단한 문장으로 말한다.
	느낌, 생각, 경험 말하기	자신의 느낌, 생각, 경험을 말한다.
		주제를 정하여 함께 이야기를 나눈다.
		이야기를 지어 말한다.
	상황에 맞게 바른 태도로 말하기	듣는 사람의 생각과 느낌을 고려하여 말한다.
		차례를 지켜 말한다.
		바르고 고운 말을 사용한다.

읽 기	읽기에 흥미 가지기	주변에서 친숙한 글자를 찾아본다.
		읽어 주는 글의 내용에 관심을 가진다.
	책 읽기에 관심 가지기	책 보는 것을 즐기고 소중하게 다룬다.
		책의 그림을 단서로 내용을 이해한다.
		궁금한 것을 책에서 찾아본다.
쓰 기	쓰기에 관심 가지기	말이나 생각을 글로 나타낼 수 있음을 안다.
		자기 이름을 써 본다.
		자신의 느낌, 생각, 경험을 글자와 비슷한 형태로 표현한다.
	쓰기 도구 사용하기	쓰기 도구에 관심을 가지고 사용해 본다.

3. 2015 연령별 누리과정에서 4세아 사회관계 영역의 내용

2015 연령별 누리과정에 제시되어 있는 4세아 사회관계 영역의 세부내용은 다음과 같다. 좀 더 자세한 설명이 필요한 경우에는 누리과정 해설서를 참고하면 도움을 받을 수 있다.

내용 범주	내 용	4세 세부내용
나를 알고 존중하기	나를 알고, 소중히 여기기	나에 대해 알아본다.
		나와 다른 사람의 차이점을 알아본다.
		나에 대해 긍정적으로 생각하고 나를 소중하게 여긴다.
	나의 일 스스로 하기	내가 할 수 있는 일을 해 본다.
		하고 싶은 일을 계획하고 해 본다.

나와 다른 사람의 감정 알고 조절하기	나와 다른 사람의 감정 알고 표현하기	자신의 감정을 알고 표현한다.
		다른 사람의 감정을 안다.
	나의 감정 조절하기	자신의 감정을 조절해 본다.
가족을 소중히 여기기	가족과 화목하게 지내기	가족의 소중함을 안다.
	가족과 협력하기	가족 구성원의 역할에 대해 알아본다.
		가족을 위하여 내가 할 수 있는 일을 알아보고 실천한다.
다른 사람과 더불어 생활하기	친구와 사이좋게 지내기	친구와 협동하며 놀이한다.
		친구와의 갈등을 긍정적인 방법으로 해결한다.
	공동체에서 화목하게 지내기	도움이 필요할 때 다른 사람과 도움을 주고받는다.
		교사 및 주변 사람과 화목하게 지낸다.
	사회적 가치를 알고 지키기	정직하게 말하고 행동한다.
		다른 사람의 생각, 행동을 존중한다.
		친구와 어른께 예의 바르게 행동한다.
		다른 사람과 한 약속이나 공공규칙을 지킨다.
		자연과 자원을 아끼는 습관을 기른다.
사회에 관심 갖기	지역사회에 관심 갖고 이해하기	우리 동네에 대해 알아본다.
		우리 동네 사람들이 하는 일에 관심을 갖는다.
		물건을 살 때 돈이 필요함을 안다.
	우리나라에 관심 갖고 이해하기	우리나라를 상징하는 것을 안다.
		우리나라의 전통놀이와 풍습에 관심을 갖는다.
		우리나라에 대해 자부심을 갖는다.
	세계 여러 문화에 관심 가지기	세계 여러 나라에 대해 관심을 갖는다.
		다양한 인종과 문화에 관심을 갖는다.

4. 2015 연령별 누리과정에서 4세아 예술경험 영역의 내용

2015 연령별 누리과정에 제시되어 있는 4세아 예술경험 영역의 세부내용은 다음과 같다. 좀 더 자세한 설명이 필요한 경우에는 누리과정 해설서를 참고하면 도움을 받을 수 있다.

내용 범주	내 용	4세 세부내용
아름다움 찾아보기	음악적 요소 탐색하기	다양한 소리, 음악의 셈여림, 빠르기, 리듬 등에 관심을 갖는다.
	움직임과 춤 요소 탐색하기	움직임과 춤의 모양, 힘, 빠르기 등에 관심을 갖는다.
	미술적 요소 탐색하기	자연과 사물의 색, 모양, 질감 등에 관심을 갖는다.
예술적 표현하기	음악으로 표현하기	노래로 자신의 생각과 느낌을 표현한다.
		전래동요를 즐겨 부른다.
		리듬악기를 연주해 본다.
		간단한 리듬과 노래를 즉흥적으로 만들어 본다.
	움직임과 춤으로 표현하기	신체를 이용하여 주변의 움직임을 자유롭게 표현한다.
		움직임과 춤으로 자신의 생각과 느낌을 표현한다.
		도구를 활용하여 다양한 움직임으로 표현한다.
	미술활동으로 표현하기	다양한 미술활동으로 자신의 생각과 느낌을 표현한다.
		협동적인 미술활동에 참여한다.
		미술활동에 필요한 재료와 도구를 다양하게 사용한다.
	극놀이로 표현하기	일상생활의 경험이나 간단한 이야기를 극놀이로 표현한다.
		소품, 배경, 의상 등을 사용하여 협동적으로 극놀이를 한다.
	통합적으로 표현하기	음악, 움직임과 춤, 미술, 극놀이 등을 통합하여 표현한다.
		예술 활동에 참여하여 표현과정을 즐긴다.

예술 감상하기	다양한 예술 감상하기	다양한 음악, 춤, 미술작품, 극놀이 등을 듣거나 보고 즐긴다.
		나와 다른 사람의 예술표현을 소중히 여긴다.
	전통예술 감상하기	우리나라의 전통예술에 관심을 갖는다.

5. 2015 연령별 누리과정에서 4세아 자연탐구 영역의 내용

2015 연령별 누리과정에 제시되어 있는 4세아 자연탐구 영역의 세부내용은 다음과 같다. 좀 더 자세한 설명이 필요한 경우에는 누리과정 해설서를 참고하면 도움을 받을 수 있다.

내용 범주	내 용	4세 세부내용
탐구하는 태도 기르기	호기심을 유지하고 확장하기	주변 사물과 자연세계에 대해 지속적으로 호기심을 갖는다.
	탐구과정 즐기기	궁금한 점을 알아보는 탐구과정에 관심을 가지고 참여한다.
	탐구기술 활용하기	일상생활의 문제를 해결하는 과정에서 탐색, 관찰 등의 방법을 활용해 본다.
수학적 탐구하기	수와 연산의 기초개념 알아보기	생활 속에서 사용되는 수의 여러 가지 의미를 안다.
		구체물 수량에서 '같다', '더 많다', '더 적다'의 관계를 안다.
		열 개가량의 구체물을 세어보고 수량을 알아본다.

	공간과 도형의 기초개념 알아보기	위치와 방향을 여러 가지 방법으로 나타내 본다.
		기본 도형의 특성을 인식한다.
		기본 도형을 사용하여 여러 가지 모양을 구성해 본다.
	기초적인 측정하기	일상 생활에서 길이, 크기, 무게 등을 비교해 본다.
	규칙성 이해하기	생활 주변에서 반복되는 규칙성을 알아본다.
		반복되는 규칙성을 인식하고 모방한다.
	기초적인 자료 수집과 결과 나타내기	필요한 정보나 자료를 수집한다.
		한 가지 기준으로 자료를 분류해 본다.
과학적 탐구하기	물체와 물질 알아보기	친숙한 물체와 물질의 특성을 알아본다.
		물체와 물질을 여러 가지 방법으로 변화시켜 본다.
	생명체와 자연환경 알아보기	나의 출생과 성장에 대해 관심을 갖는다.
		관심 있는 동식물의 특성을 알아본다.
		생명체를 소중히 여기는 마음을 갖는다.
		생명체가 살기 좋은 환경에 대해 관심을 갖는다.
	자연현상 알아보기	돌, 물, 흙 등 자연물의 특성과 변화를 알아본다.
		날씨와 기후변화에 관심을 갖는다.
	간단한 도구와 기계 활용하기	생활 속에서 간단한 도구와 기계를 활용한다.
		도구와 기계의 편리함에 관심을 갖는다.

제8장

4세아 우수 교재·교구 사례 분석하기

제8장

4세아 우수 교재·교구 사례 분석하기

우수 교재·교구를 제작하기 위해서는 먼저 우수 교재·교구의 특징을 이해하고 그 사례들을 구체적으로 분석해 보는 경험이 필요하다. 다음에 제시된 6개의 교재·교구를 이 책의 제3장에서 제시한 10가지의 기준에 따라 분석하고 합계를 내어보자.

교구명 / 기준	가게에는 무엇이 있을까? (10)	채소의 여행 (10)	어서 오세요. 기쁨 토스트 입니다! (10)	재미있는 편의점 놀이 (10)	달콤 카페 (10)	배스킨 라빈스 31! (10)
① 연령(발달)적합성						
② 흥미성(재미성)						
③ 교육성(효과)						
④ 안전 및 견고성						
⑤ 심미성						
⑥ 보관의 용이성						
⑦ 경제성(폐품활용 등)						
⑧ 창의성						
⑨ 교환 및 반복활용 가능성						
⑩ 작품성						
합계						

※ 각 항목별로 10점 만점 기준임

1. 가게에는 무엇이 있을까?

<table>
<tr><th>생활주제</th><td>우리 동네</td><th>주제</th><td>일상과 관련된 글자 퍼즐 맞추기</td><th>연령</th><td>4세</td></tr>
<tr><th>교구명</th><td colspan="2">가게에는 무엇이 있을까?</td><th>흥미영역</th><td colspan="2">언어영역</td></tr>
<tr><th>교육과정 관련요소</th><td colspan="5">• 사회관계 〉 사회에 관심 가지기 〉 내가 살고 있는 곳에 대해 궁금한 것을 알아본다.
• 자연탐구 〉 생활 속에서 탐구하기 〉 일상에서 모은 자료를 기준에 따라 분류한다.
• 의사소통 〉 읽기와 쓰기에 관심 가지기 〉 주변의 상징, 글자 등의 읽기에 관심을 가진다.</td></tr>
<tr><th>기대되는 효과</th><td colspan="5">• 일상과 관련된 친숙한 글자에 관심을 가진다.
• 퍼즐을 맞춰보며 여러 가지 모양을 익힌다.
• 분류 기준에 대해 알 수 있다.</td></tr>
<tr><th>재료</th><td colspan="5">비접착 펠트지(검정색, 주황색, 연파랑색, 하늘색, 자주색, 분홍색, 개나리색, 연두색, 레몬색, 남보라색, 연보라색), 접착 펠트지(흰색), 두꺼운 도화지 6장(시리얼 상자로 대체 가능), 흰색 까슬이, 흰색 보슬이, 코팅지, 원형 흰색 고리 4개, 각 테마에 맞는 단어와 그림, 실, 바늘, 글루건, 펀칭기</td></tr>
<tr><th>제작방법</th><td colspan="5">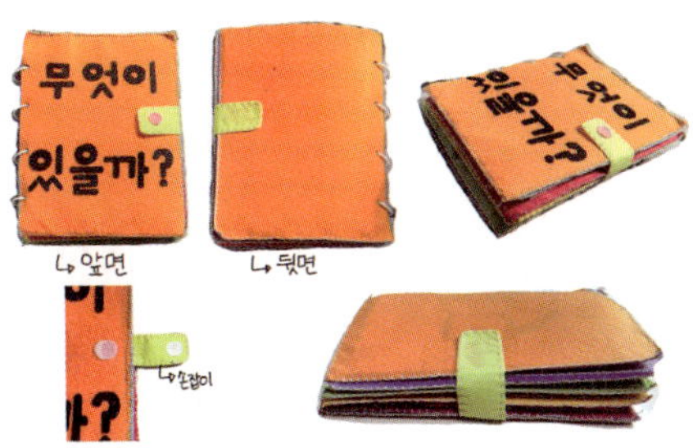

① 각기 다른 색상의 비접착 펠트지 6장(주황색, 연파랑색, 자주색, 개나리색, 남보라색, 연두색)(가로 44.6cm×세로 30cm)을 반으로 자른다(가로 22.3cm×세로 30cm).</td></tr>
</table>

② 자른 펠트지의 한 면에 두꺼운 도화지(가로 19cm×세로 27cm)를 풀로 붙이고 다른 펠트지를 겹쳐서 버튼홀 스티치 기법으로 바느질한다(세로 한쪽 모서리를 제외한 세 개의 모서리).

③ 같은 방식으로 자른 펠트지 12장을 바느질한다.

④ 바느질을 하지 않은 펠트지의 세로 모서리에 펀칭기로 간격을 두어 네 개의 구멍을 뚫어준다.

⑤ 원형 흰색 고리 4개를 끼워 바느질한 펠트지들을 연결한다(주황색 펠트지는 펠트북의 첫 번째 면과 마지막 면에 오게 하고 나머지 다섯 가지 색상의 펠트지들은 같은 색상끼리 마주 보게 연결한다).

⑥ '무엇이 있을까?', '탈것', '과일가게', '야채가게', '놀이터', '동물원' 글자의 모양을 A4 종이에 도안을 그린 뒤, 검은색 펠트지에 좌우반전하여 붙이고 글자를 잘라서 글루건으로 붙인다(글자의 크기는 가로×세로 약 5cm).

⑦ 레몬색 펠트지에 가로 15cm×세로 4cm 크기의 네모 모양을 자르고 테두리를 홈질로 바느질하여 손잡이를 만든다.

⑧ 분홍색 펠트지에 지름 2cm의 크기의 원 모양을 자르고 테두리를 홈질로 바느질한 뒤 손잡이에 붙인다.

⑨ 가로×세로 약 2cm 크기의 모서리가 둥근 네모 모양으로 까슬이와 보슬이를 자른 뒤, 보슬이는 손잡이에, 까슬이는 책의 앞표지 중간에 붙인다.

⑩ 보슬이를 붙인 반대편 손잡이는 책 뒤표지에 글루건으로 붙인다.

⑪ 다섯 가지 테마에 맞는 실제 사진을 가로 19cm×세로 26cm의 크기로 컬러 인쇄 후 코팅하여 글루건으로 붙인다.

⑫ 가로×세로 1cm 크기의 네모 모양으로 까슬이를 잘라 ⑪ 위에 글루건으로 4개씩 붙인다.

⑬ 흰색 접착 펠트지에 원형, 하트 모양, 집 모양, 세모 모양, 네모 모양 도안을 그린 뒤(가로 약 19cm×세로 약 19cm) 각 테마에 붙인다.

⑭ ⑬ 위에 가로, 세로 약 2cm의 크기로 까슬이를 잘라 다섯 가지의 각 모양마다 글루건으로 네 개씩 붙인다.

⑮ 원형, 하트 모양, 집 모양, 세모 모양, 네모 모양 도안을 주황색, 하늘색, 분홍색, 레몬색, 연보라색 펠트지에 대고 2개씩 그린 뒤 자른다.

⑯ 자른 총 10개의 펠트지(원형, 하트 모양, 집 모양, 세모 모양, 네모 모양 각 2개)를 4등분하여 자른다.

⑰ 같은 모양의 펠트지 2개 안에 솜을 넣고 겹쳐서 홈질로 바느질한다.

⑱ 코팅한 그림과 글자들을 잘라서 앞뒤에 글루건으로 붙인다.

⑲ 글자를 붙인 도형 펠트지에 보슬이를 지름 2cm 크기의 원 모양으로 잘라서 글루건으로 붙인다.

교구의 전체적인 모습

	 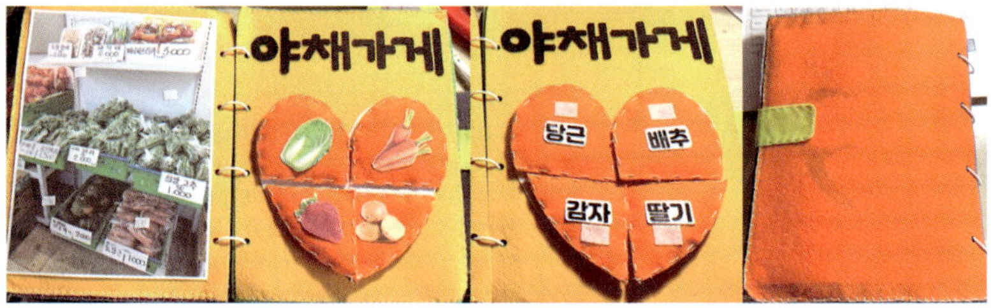
활동방법	① 책의 왼쪽 편에 있는 퍼즐들을 오른쪽 모양에 맞게 붙인다. ② 앞뒤로 붙어 있는 그림과 글자를 익힌다. ③ 유아 마음대로 떼었다 붙였다 하면서 자유롭게 놀이한다.
활동 예시사진	 
참고문헌	사진 출처 : 네이버 이미지

2. 채소의 여행

생활주제	환경과 생활	주제	돌, 흙과 우리 생활	연령	4세
교구명	채소의 여행	흥미영역	과학영역		
교육과정 관련요소	• 자연탐구 〉 자연과 더불어 살기 〉 주변의 동식물에 관심을 가진다. • 자연탐구 〉 탐구과정 즐기기 〉 궁금한 것을 탐구하는 과정에 즐겁게 참여한다.				
기대되는 효과	• 열매채소, 뿌리채소, 잎채소의 종류와 특징에 대해 관심을 가진다. • 호기심을 갖고 관찰하는 태도를 기른다. • 채소가 농장에서 수확되어 우리의 식탁에 올라오기까지의 과정을 알 수 있다.				
재료	펠트지(하늘색 3장, 연갈색 2장, 파란색, 연두색, 초록색, 형광연두색, 갈색, 진갈색, 황토색, 연노란색, 진노란색, 빨간색, 주황색, 보라색, 미색, 검정색, 흰색, 회색, 진회색, 살구색, 분홍색, 체크무늬 각 1장씩), 다양한 색의 실, 바늘, 연필, 자, 가위, 칼, 글루건, 까슬이				
제작방법	**1. 표지** ① 하늘색 펠트지 1장을 22cm×30cm 크기로 자른다. ② 황토색 펠트지를 17cm×13cm의 표지판 모양으로 자른 뒤 하늘색 펠트지의 위에서 5cm 아래쪽에 붙인다. ③ 흰색 펠트지로 '채소의 여행' 글자를 오린 뒤 표지판 위에 글루건으로 붙인다. ④ 연두색과 초록색 펠트지로 수풀을 표현하여 표지판 아래쪽 공간을 꾸며준다.  				

2. 열매채소

① 하늘색 펠트지 1장을 22cm×30cm 크기로 자른다.

② 연두색 펠트지 1장을 22cm×26cm 크기로 자른다. 이때, 펠트지의 윗부분은 농장을 표현하기 위해 물결 모양으로 자른다.

③ 황토색 펠트지를 8cm×3cm 크기의 직사각형으로 잘라 표지판을 만든다. 1cm×1cm 크기의 정사각형 4개를 잘라 표지판의 기둥을 표현한다.

④ 검은색 펠트지로 '열매채소' 글자를 잘라 표지판 위에 붙여준다.

⑤ 열매채소를 만든다.

- 펠트지를 2장씩 자르고 그 안에 솜을 넣고 박음질로 연결하여 입체적으로 만든다.
- 채소를 붙이고 뗄 수 있도록 뒷면에 까슬이를 붙인다.

• 오이(3cm×11cm) : 초록색
- 펠트지 중앙 부분에 검은색 실로 매듭을 만들어 오이의 오돌토돌한 질감을 표현한다.

• 토마토(7cm×6cm) : 빨간색, 초록색

• 옥수수(4.5cm×11cm) : 노란색, 연두색
- 노란색 실을 사용해 가로, 세로 모양으로 촘촘히 박음질하여 옥수수의 알맹이들을 표현한다.

• 가지(3cm×12cm) : 보라색, 초록색

⑥ 각 열매채소의 뒷배경을 꾸민다.

- 연갈색 펠트지를 타원형(7cm×3cm)으로 잘라 농장의 흙을 표현한다.
- 진갈색 펠트지와 초록색 펠트지로 채소 나무와 잎을 표현한다.
- 채소도 더 작은 크기로 만들어 유아들이 위치를 찾기 쉽게 한다.
- 황토색 펠트지를 1cm×3cm 직사각형으로 잘라 채소 이름표를 만든다.

3. 뿌리채소

① 연갈색 펠트지 1장을 22cm×30cm 크기로 자른다.

② 갈색 펠트지 1장을 22cm×26cm 크기로 자른다. 이때 펠트지의 윗부분은 밭을 표현하기 위해 물결 모양으로 자른다.

③ 황토색 펠트지를 8cm×3cm 크기의 직사각형으로 잘라 표지판을 만든다. 1cm×1cm 크기의 정사각형 4개를 잘라 표지판의 기둥을 표현한다.

④ 검은색 펠트지로 '뿌리채소' 글자를 잘라 표지판 위에 붙여준다.

⑤ 뿌리채소를 만든다.

- 펠트지를 2장씩 자르고 그 안에 솜을 넣고 박음질로 연결하여 입체적으로 만든다.

• 감자(6.5cm×5.5cm) : 연갈색
  - 펠트지 중앙 부분에 갈색 실로 매듭을 여러 개 만들어 감자의 질감을 표현한다.
• 무(몸통 9cm×4.5cm/ 잎 2cm×5cm) : 미색, 형광연두색, 연두색
  - 연두색 실로 2줄씩 박음질하여 무의 질감을 표현한다.

- 당근(몸통 : 9cm×4.5cm/ 잎 3cm×5cm) : 주황색, 초록색, 연두색, 형광 연두색
  - 노란색 실로 2줄씩 박음질하여 당근의 질감을 표현한다.

⑥ 각 뿌리채소의 뒷배경을 꾸민다.

- 연갈색 펠트지를 타원형(9.5cm×3.5cm)으로 자르고, 진갈색 펠트지를 조금 더 크고 구불구불하게 잘라 함께 붙여 파여있는 밭의 모습을 표현한다.
- 채소를 넣었다 뺐다 할 수 있도록 0.5cm ×5.5cm 크기의 작은 구멍을 뚫는다.
- 감자의 배경에는 검정색 펠트지로 땅 속의 모습처럼 굴로 표현하고, 그 위에 뿌리에 달려있는 감자를 표현한다.

- 당근, 무도 더 작은 크기로 만들어 붙여 유아들이 위치를 찾기 쉽게 한다.
- 황토색 펠트지를 1cm×3cm 직사각형으로 잘라 채소 이름표를 만든다.

4. 잎채소

① 연갈색 펠트지 1장을 22cm×30cm 크기로 자른다.

② 갈색 펠트지 1장을 22cm×26cm 크기로 자른다. 이때, 펠트지의 윗부분은 밭을 표현하기 위해 물결 모양으로 자른다.

③ 황토색 펠트지를 8cm×3cm 크기의 직사각형으로 잘라 표지판을 만든다. 1cm×1cm 크기의 정사각형 4개를 잘라 표지판의 기둥을 표현한다.

④ 검은색 펠트지로 '잎채소' 글자를 잘라 표지판 위에 붙여준다.

⑤ 잎채소를 만든다.

- 펠트지를 2장씩 자르고 그 안에 솜을 넣고 박음질로 연결하여 입체적으로 만든다.
- 채소를 붙이고 뗄 수 있도록 뒷면에 까슬이를 붙인다.

• 깻잎(6.5cm×8.5cm) : 초록색
  - 펠트지 중앙 부분에 초록색 실로 박음질을 하여 깻잎의 무늬를 표현한다.
• 배추(5.5cm×8cm) : 미색, 형광연두색, 연두색
• 파(1.7cm×13cm) : 미색, 초록색, 연두색
  - 파의 뿌리 부분을 뾰족뾰족하게 가위질하여 실제 뿌리처럼 표현한다.

⑥ 각 잎채소의 뒷배경을 꾸민다.

- 갈색, 진갈색 펠트지를 구름 모양(9.5cm×3.5cm)으로 자르고, 함께 붙여 파여 있는 밭의 모습을 표현한다.
- 각 채소를 더 작은 크기로 만들어 붙여 유아들이 위치를 찾기 쉽게 한다.
- 황토색 펠트지를 1cm×3cm 직사각형으로 잘라 채소 이름표를 만든다.

5. 트럭

① 하늘색 펠트지 1장을 22cm×30cm 크기로 자른다.

② 트럭 앞부분을 주황색 펠트지를 이용해 6.5cm×6cm 크기로 만든다.

③ 노란색 펠트지로 11.5cm×10.5cm 크기의 직사각형을 2장 잘라 윗부분을 제외한 세 변을 버튼홀 스티치로 연결하고 뒷면에 까슬이를 부착한다.

④ 회색 펠트지로 트럭의 바닥을, 검정색과 흰색 펠트지로 트럭의 바퀴를 표현한다.

⑤ 진한 회색 펠트지를 22cm×7cm 크기로 잘라 도로를 만들고 그 위에 노란색 펠트지와 흰색 펠트지로 도로 위를 표현한다.

⑥ 구름과 태양을 만들어 배경을 꾸민다.

6. 채소가게

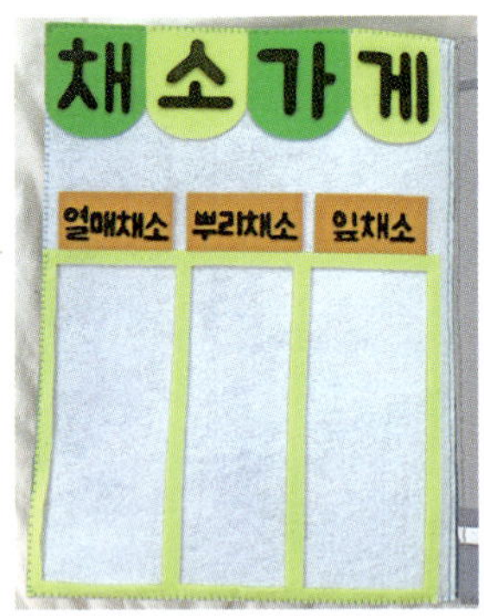

① 흰색 펠트지 1장을 22cm×30cm 크기로 자른다.

② 연두색, 형광연두색 펠트지로 한 면이 둥그런 5.4cm×6cm 크기의 직사각형을 2장씩 만든다.

③ 그 위에 채소가게를 한 글자씩 크게 잘라 붙인다.

④ 형광연두색 펠트지로 20cm×6cm, 안에는 직사각형으로 세 칸으로 나뉘도록 잘라 붙여 채소가게의 판매대를 만든다.

⑤ 황토색 펠트지를 5cm×3cm 크기의 직사각형으로 자르고 그 위에 열매, 뿌리, 잎채소의 표지판을 붙여 가게 이름표처럼 꾸민다.

7. 요리

① 회색 펠트지 1장을 22cm×30cm 크기로 자른다.

② 보라색 펠트지로 16cm×10cm 크기의 냄비 모양을 2장 잘라 윗부분을 제외하고 세 변을 버튼홀 스티치로 연결한다.

③ 진회색 펠트지로 22cm×5cm 크기의 직사각형을 잘라 아랫부분에 붙이고 위를 가스레인지처럼 꾸며준다. 빨간색 펠트지로 불도 표현한다.

④ 주걱, 국자, 집게, 소스통을 만들어 배경을 꾸민다.

8. 식사

① 미색 펠트지 1장을 22cm×30cm 크기로 자른다.

② 22cm×25cm 크기 직사각형의 한 면을 둥그렇게 하여 원형테이블을 만들어 준다.

③ 흰색 펠트지를 지름 13cm의 원으로 잘라 접시를 만든다.

④ 컵, 반찬 접시, 숟가락, 포크를 만들어 배경을 꾸며준다.

9. 맛있게 먹는 아이 모습

① 주황색 펠트지 1장을 22cm×30cm 크기로 자른다.

② 체크무늬 펠트지를 22cm×8cm 크기의 반원으로 잘라 아래쪽에 붙여 책상을 만든다. 그 위에 흰색 펠트지로 접시도 만들어 붙인다.

③ 10cm×10cm 정도 크기의 남자 아이 얼굴을 만들고, 맛있게 먹은 후에 짓는 행복한 표정을 표현한다.

④ 아이가 수저를 들고 있는 모습을 표현한다.

⑤ 접시 주변에 하늘색 펠트지로 반짝거리는 듯한 효과를 주어 채소 접시를 싹싹 먹은 듯한 모습을 만든다.

10. 뒷표지(채소와 어울려 즐거운 아이 모습)

① 하늘색 펠트지 1장을 22cm×30cm 크기로 자른다.

② 앞에 나온 채소 10가지를 약 3cm×6cm 크기 정도로 만든다.

③ 채소의 뒤에 흰색 펠트지를 덧대어 붙인다.

④ 가운데에 신나서 점프하고 있는 여자 아이의 모습을 잘라 붙인다.

⑤ 채소 그림들을 신난 아이의 주변에 함께 어우러지도록 붙인다.

11. 연결

① 앞서 만든 것들을 2장씩 양면으로 하여 버튼홀 스티치로 연결한다. 대신 왼쪽 한 변은 바느질하지 않고 벌어진 상태로 둔다.

② 하늘색 펠트지를 4cm×29cm 크기로 잘라 직사각형 5개를 만들어 준다.

③ 앞서 양면으로 바느질해 둔 펠트의 왼쪽에 ②의 펠트를 넣고 박음질한다.

④ 펠트지의 양면 속지를 순서대로 겹쳐둔 상태에서 왼쪽에 추가로 덧댄 펠트지 5장을 박음질로 연결한다. 책에 가장 가까운 곳에 바느질을 해야 책이 벌어지지 않고 깔끔하게 펼쳐지므로 주의해서 바느질한다.

	⑤ 다 연결한 후에 옆에 덧댄 펠트를 1cm만 남기고 잘라낸다. ⑥ 펠트북을 깔끔하게 마감하기 위해 왼쪽 연결 부분의 위에 5cm×30cm 크기의 하늘색 펠트지를 덧붙인다.
활동방법	 ① 열매채소, 뿌리채소, 잎채소의 종류는 무엇이 있는지 자유롭게 관찰한다. ② 자신이 수확하고 싶은 채소를 수확하여 트럭에 담는다. ③ 수확한 채소를 트럭에 실어 채소가게로 이동한 채소를 구입한다. ④ 냄비에 자신이 구입한 채소를 넣고 요리한다. ⑤ 요리한 것을 접시에 옮겨 담아 먹는다. * 유아에게 채소의 종류를 알려주려고 하기보다는 유아 스스로 자유롭게 탐색하며 놀이를 통해 알 수 있도록 지도한다.
참고문헌	네이버 블로그 -감자, 배추 참고

3. 어서 오세요. 기쁨 토스트입니다!

생활주제	여름과 건강	주제	맛있는 음식과 영양	연령	4세
교구명	어서 오세요. 기쁨 토스트입니다!	흥미영역	역할영역		
교육과정 관련요소	• 예술경험 〉 창의적으로 표현하기 〉 극놀이로 경험이나 이야기를 표현한다. • 의사소통 〉 듣기와 말하기 〉 상황에 적절한 단어를 사용하여 말한다. • 사회관계 〉 나를 알고 존중하기 〉 내가 할 수 있는 것을 스스로 한다.				
기대되는 효과	• 다양한 재료를 통해서 토스트를 만들어 보며 유아의 흥미와 관심을 불러일으킬 수 있다. • 친구와 함께 토스트를 만들어 보며 성취감을 느낄 수 있으며 함께 놀이하며 사회성 또한 기를 수 있다.				
재료	펠트지(초록색, 연두색, 분홍색, 빨간색, 상아색, 연갈색, 노란색, 흰색, 진한 분홍색, 진한 갈색, 하늘색, 파란색), 솜, 바느질 도구, 가위, 자, 칼, 신발 상자, 글루건, 폼보드, 나무젓가락, 소스통, 연필				
제작방법	**1. 토스트 재료 보관함** ① 가로 32.5cm×세로 21cm 크기의 신발 상자를 준비한다. ② 가로 10.5cm×세로 19cm 크기의 직사각형을 폼보드에 그리고 칼을 사용해서 잘라준다. ③ 자른 폼보드는 진한 갈색 펠트지를 사용해서 덮어준다. ④ 준비된 신발 상자는 진한 갈색, 연갈색 펠트지를 사용해서 상표와 이름 등이 보이지 않도록 덮어준다. ⑤ 신발 상자를 덮고, 그 안에 식빵, 재료, 소스의 공간을 나누기 위해 잘라둔 폼보드를 글루건을 사용해서 붙여준다.				

⑥ 신발 상자에 토스트 재료와 식빵, 소스를 넣어주고 신발 상자의 윗부분에는 '어서 오세요. 기쁨 토스트입니다!'라는 글씨를 진한 갈색, 노란색 펠트지를 사용해서 오리고 붙여서 마무리한다.

2. 토스트 재료

1) 식빵

① 상아색 펠트지를 가로 10.8cm(둥근 부분 12.5cm)×세로 16.3cm의 크기로 2장 그리고 오린다.

② 진한 갈색 펠트지를 폭 1.5cm로 길게 오려준다.

③ 상아색 펠트지 2장과 진한 갈색 펠트지는 식빵의 안과 테두리를 표현한다.

④ 상아색 펠트지 1장과 진한 갈색 펠트지는 먼저 버튼홀 스티치로 서로 이어준다.

⑤ 진한 갈색 펠트지는 입체적으로 식빵의 테두리를 표현하는 것이기에 이어서 버튼홀 스티치로 상아색 나머지 1장과 연결해 주면서 식빵의 단면 모양을 잡는다.

⑥ 버튼홀 스티치를 하면서 안에 솜을 채워주어 더욱더 실감나게 식빵을 표현하며 마무리한다.

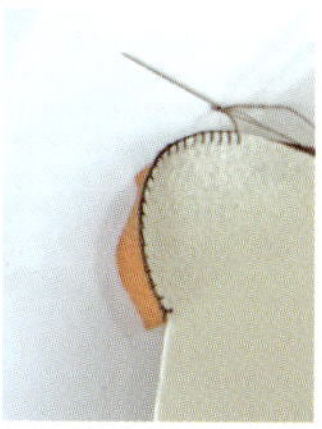

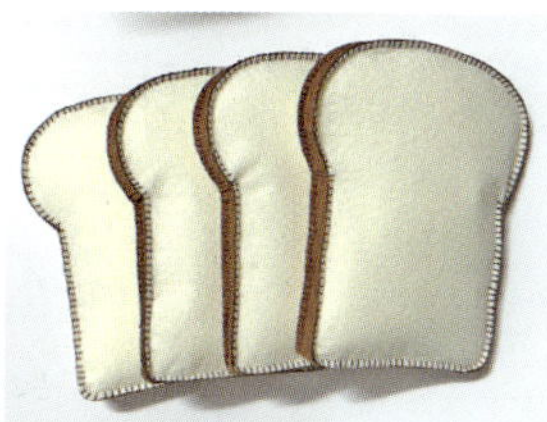

2) 상추

① 연두색 펠트지를 상추의 모양으로 가로 12cm×세로 14cm 크기로 2장 오려준다.

② 오린 연두색 펠트지 2장을 홈질하여 상추의 잎몸, 잎맥 등을 표현해 준다.

③ 홈질을 하고 바로 매듭을 짓는 것이 아니라 홈질을 하고 실을 잡아당겨서 연두색 펠트지에 주름을 만든다.

④ 상추의 잎맥, 잎몸 등에 홈질을 한 부분에 모두 주름을 주어서 상추를 더욱 생생하게 표현할 수 있도록 하고 매듭을 짓는다.

3) 치즈

① 노란색 펠트지를 가로 10.2cm×세로 12.5cm의 직사각형으로 2장 오려준다.

② 오린 노란색 펠트지에 동그란 원과 반원으로 여러 군데 구멍을 뚫어준다.

③ 노란색 펠트지 2장에 모두 똑같은 위치에 구멍을 만들어 주고 2장을 겹쳐준다.

④ 똑같은 위치에 구멍이 생긴 노란색 펠트지 2장을 버튼홀 스티치로 겹쳐준다.

⑤ 노란색 펠트지 안에 생긴 구멍부터 버튼홀 스티치를 하여 마무리하고, 마지막으로 겉을 버튼홀 스티치 하여 치즈를 완성해 준다.

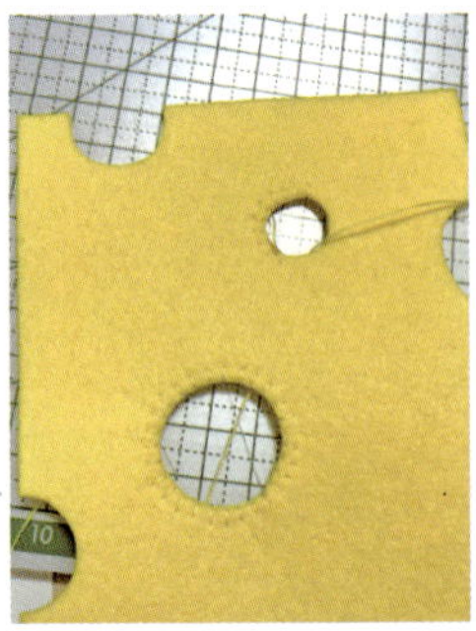

4) 햄

① 진한 분홍색 펠트지를 지름 11.5cm의 원으로 2장 오려준다.

② 햄은 양면으로 표현할 것이기에 펠트지 한 장에 우선 햄의 단면에 생기는 무늬를 표현해 준다. 이때 바탕색보다 더 진한 분홍색 펠트지를 사용해서 표현한다.

③ 햄의 단면을 표현하기 위해 사용되는 원은 총 26개로 지름 2.2cm, 지름 1.7cm, 지름 1cm의 크기로 오려준다.

④ 오린 펠트지를 기존에 오려둔 지름 11.5cm의 원에 감침질을 하여서 무늬를 표현해 준다.

⑤ 원의 한 면에 햄의 무늬를 표현한 2개의 원을 최종적으로 양면으로 보일 수 있도록 겹쳐놓는다.

⑥ 겹쳐진 원을 버튼홀 스티치로 마무리한다.

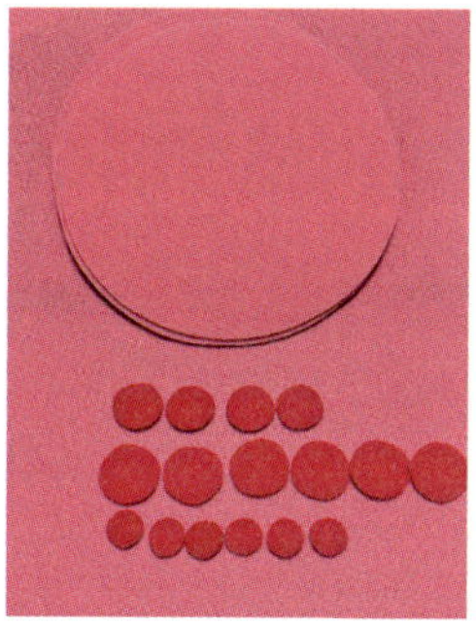

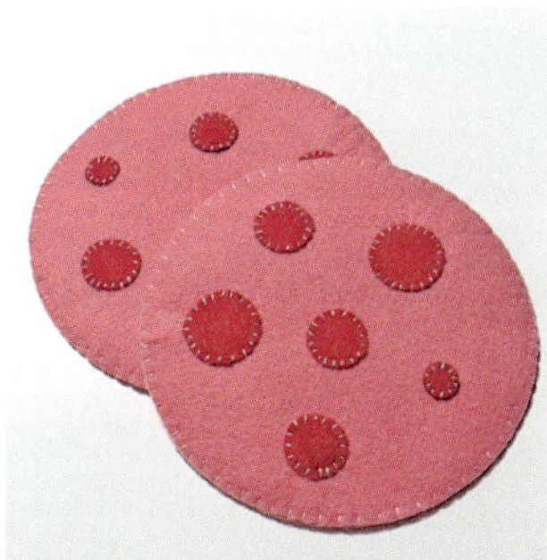

5) 토마토

① 빨간색 펠트지를 지름 11.5cm의 원으로 2장 오려준다.

② 빨간색 펠트지를 둥근 사다리꼴 모양 윗변 3.5cm×아랫변 5.7cm×높이 3cm의 크기로 6개 오려준다.

③ 빨간색 펠트지를 지름 1.4cm의 원의 크기로 2개 오린다.

④ 토마토 씨는 노란색 펠트지를 사용해서 총 36개를 작은 물방울의 모양으로 오려준다.

⑤ 토마토를 양면으로 표현하기 위해 ①의 원 1장에 ② 3개와 지름 1.4cm의 원을 중앙에 감침질을 하여 부착한다.

⑥ 둥근 사다리꼴을 부착하고 나서 씨는 3개씩 홈질을 하여 부착하여 토마토의 단면을 표현해 준다.

⑦ 지름 11.5cm의 원 한 면에 사다리꼴과 씨를 다 부착한 후 2개의 원을 토마토의 단면이 보일 수 있도록 겹쳐놓는다.

⑧ 겹쳐놓은 2장의 펠트지를 버튼홀 스티치 하여서 마무리한다.

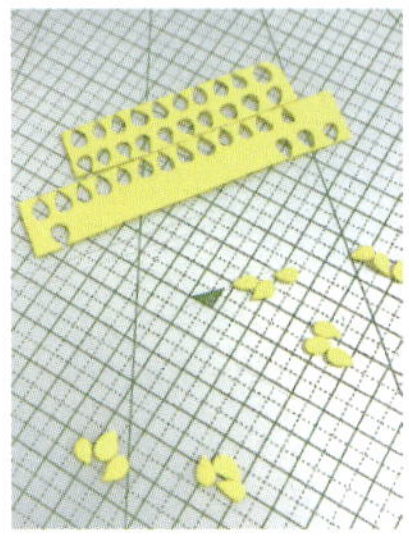
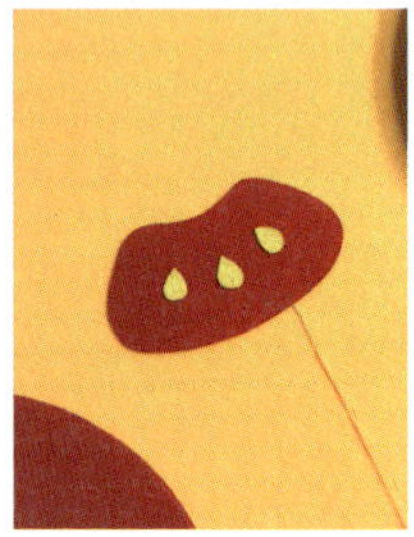

6) 베이컨

① 분홍색 펠트지를 가로 18cm×세로 5.5cm 물결 형태의 베이컨 모양으로 그리고 2장 오려준다.

② 진한 분홍색, 흰색 펠트지로 베이컨의 무늬를 표현한다.

③ 베이컨의 무늬는 물결 형태의 베이컨 모양에 폭을 줄여서 진한 분홍색 물결 하나, 흰색 물결 하나 색상별 하나씩 그리고 오려준다.

④ 오린 베이컨의 물결 무늬(진한 분홍색, 흰색)는 처음에 그려서 오려 놓은 분홍색 펠트지에 감침질을 하여 부착하여 베이컨의 무늬를 표현한다.

⑤ 2장 모두 ④의 과정을 거친 후 2장을 반대로 겹쳐서 베이컨 무늬나 형태가 양면으로 제시될 수 있도록 버튼홀 스티치 하여 마무리한다.

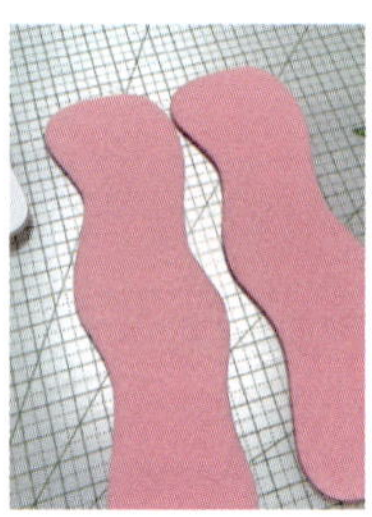
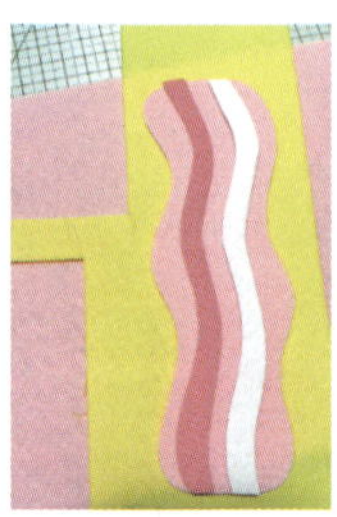
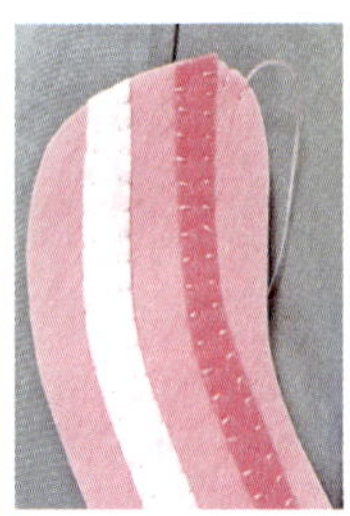

7) 달걀프라이

① 흰색 펠트지를 가로 11cm×세로 9cm의 크기로 2장 오린다(달걀의 흰자).

② 노란색 펠트지에 지름 4cm의 원 하나를 그리고 오린다(달걀의 노른자).

③ 오린 노란색 펠트지를 달걀의 흰자를 표현한 펠트지 중앙에 놓고 감침질한다.

④ 감침질을 하는 과정에서 안에 솜을 채워 달걀의 노른자가 입체감이 나타나도록 표현한다.

⑤ 그리고 남은 흰색 펠트지 가로 11cm×세로 9cm 한 장을 다른 한 장과 함께 반대로 겹쳐서 버튼홀 스티치로 마무리한다.

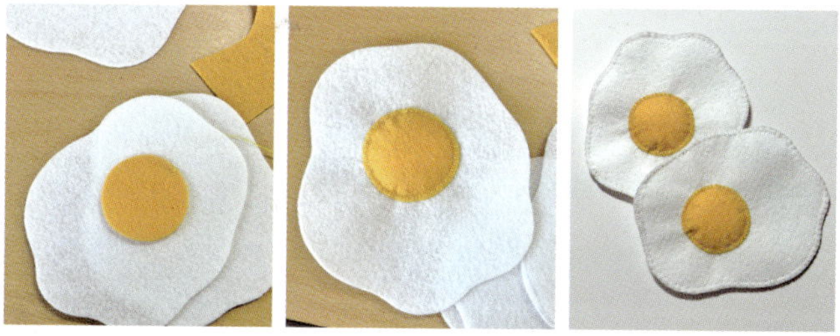

8) 소스(케첩/ 머스터드)

① 준비된 소스통에 흰색 펠트지를 중앙에 직사각형으로 길게 오려서 붙여준다.

② ① 위에 '케첩', '머스터드' 글씨를 각각 빨간색, 노란색 펠트지를 사용해서 오리고 붙여준다.

③ 소스통에는 내용물이 케첩과 머스터드 2개의 소스가 있음을 간접적으로 표현하기 위해 펠트지를 소스통에 넣어서 표현해 준다.

3. 토스터

① 토스터는 사각형 모양으로 만들기 위해 앞면, 뒷면, 오른쪽면, 왼쪽 면, 아랫면, 윗면 총 6개의 면을 준비해 준다.

② 각 면은 폼보드를 칼로 잘라서 사용하는데, 앞/ 뒷면의 크기는 가로 22cm×세로 19.8cm, 오른쪽/ 왼쪽 면의 크기는 가로 12.7cm×세로 19.8cm, 위/ 아랫면의 크기는 가로 23.2cm×세로 12.8cm로 그리고 잘라준다.

③ 앞면에는 토스터 버튼이 돌아갈 수 있도록 구멍을 뚫어주고, 폼보드를 사용해서 지름 3.5cm의 원 2개와 가로 2.6cm×세로 1.6cm 크기의 직사각형을 준비한다(이때 파란색 펠트지를 사용해서 폼보드를 덮어준다).

④ 지름 3.5cm 원의 형태로 만들어진 폼보드에 가로 2.6cm×세로 1.6cm 크기의 직사각형 폼보드를 위에 붙여주고 반대편에 빨대를 조금 잘라서 붙인 다음 지름 3.5cm의 원을 빨대에 붙여줘서 서로 구멍 안에서 돌아갈 수 있도록 한다.

⑤ 오른쪽 면에는 토스트를 위로 올릴 수 있도록 받침대의 공간을 만들기 위해 구멍을 가로 3.5cm×세로 9cm의 크기로 잘라준다.

⑥ 윗면에는 토스트를 넣고 꺼낼 수 있도록 구멍 2개를 가로 14.9cm×세로 3.2cm의 크기로 만들어 준다.

⑦ 토스터 오른쪽 면에 넣을 손잡이와 토스트 받침대는 가로 11.7cm×세로 23.4cm의 직사각형을 만들어 주고, 손잡이 부분은 가로 3.7cm×세로 4.6cm의 크기로 만든다.

⑧ 토스터 내부에 부착할 판 지지대(손잡이를 토스터 안에서 고정할 부분)는 면과 같이 폼보드를 사용해서 가로 12.4cm×세로 19.5cm의 크기로 잘라준다.

⑨ 자른 폼보드는 펠트지로 덮어준다. 앞면, 뒷면의 색상은 하늘색 펠트지를 사용하고 나머지 면들과 토스터를 작동하게 하는 손잡이, 판 지지대 등을 흰색을 사용해 준다.

⑩ 펠트지로 마감을 한 폼보드는 글루건을 사용해서 붙여준다. 그중 판 지지대와 토스터를 작동하게 하는 손잡이는 토스터 내부에 위치할 수 있도록 한다.

⑪ 토스터 앞면에 파란색 펠트지를 사용해서 토스터 글자를 오려 붙이고, 상아색, 진한 갈색 펠트지를 사용해서 작은 식빵 2개를 만들어 붙이면서 마무리한다.

활동방법

① 토스트 재료 상자를 연다.

② 토스터 위에 뚫려 있는 구멍 2개에 식빵 2개를 넣어준다.

③ 오른쪽 면에 있는 손잡이를 아래에서 위로 올려주며 식빵을 움직일 수 있도록 한다.

④ 튀어 오르거나 위로 나온 식빵을 꺼낸다.

⑤ 토스트 재료를 사용해서 토스트를 만들어 준다.

⑥ 친구와 함께 토스트를 만들어 보며 역할놀이를 진행할 수 있다.

참고문헌

https://blog.naver.com/drm07/222175598306
https://www.youtube.com/watch?v=YO_1vCSxhtA

4. 재미있는 편의점 놀이

생활주제	우리 동네	주제	우리 동네 생활	연령	4세
교구명	재미있는 편의점 놀이		흥미영역	역할영역	
교육과정 관련요소	• 사회관계 〉 사회에 관심 가지기 〉 내가 살고 있는 곳에 대해 궁금한 것을 알아본다. • 의사소통 〉 듣기와 말하기 〉 상황에 적절한 단어를 사용하여 말한다. • 예술경험 〉 창의적으로 표현하기 〉 극놀이로 경험이나 이야기를 표현한다.				
기대되는 효과	• 친구들과 역할놀이를 하며 즐기고 더불어 생활하는 법을 배운다. • 상황에 맞는 행동과 문장을 사용할 수 있다. • 우리 동네에 관심을 가지고 동네에 있는 가게를 알 수 있다.				
재료	종이 상자, 신발 상자 2개, 여러 색의 펠트지, 네트망 바구니, 풀, 자, 가위, 글루건, 칼, 원단 10T, 분홍색 시트지, 투명 시트지, 뽕뽕이, 양면테이프, 모루, 손코팅지, 코팅지, 플라스틱 바구니, 우드락, 색 도화지, 이면지, 각종 도안들, 지끈, 압정 단추				
제작방법	**1. 가판대** ① 원단 10T를 사다리꼴 모양으로 60cm×10cm×26cm 크기로 2장 자른다(옆면). 자른 우드락을 분홍색 시트지로 감싼다. 가판대의 밑판이 되는 43cm×26cm×22cm 크기 종이 상자의 뒷면을 아래에서부터 14cm 크기로 뚫는다(진열장 보관 가능). 그 후 분홍색 시트지로 감싼다. ② 간판도 원단 10T를 43cm×56cm×9cm의 사다리꼴 모양으로 자른 뒤, 도안을 프린트해 붙인다. ③ 옆면과 밑판을 글루건으로 붙이고 간판도 붙인다. 밑판에 네트망 바구니 걸이 크기로 구멍을 뚫어 걸어준다.				

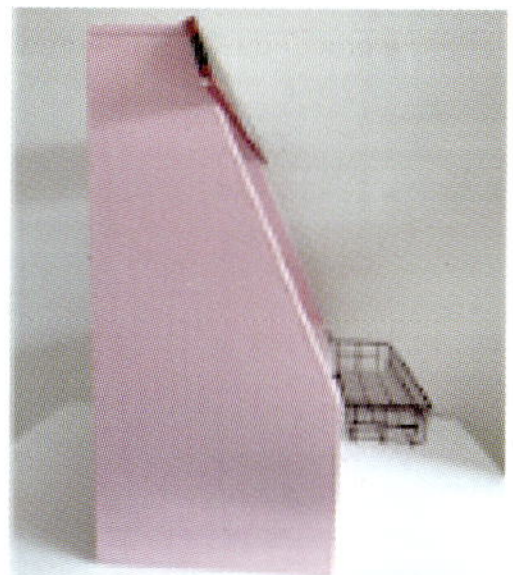

2. 진열장

① 10cm×11cm×29cm의 신발 상자 두 개를 연두색 펠트지로 감싼다. 상자의 안쪽 면은 이면지를 붙인다. 안쪽 칸막이가 될 18.5cm×10.3cm의 크기로 종이 상자를 잘라 이면지로 감싼다. 바깥쪽 칸막이는 14cm×10.3cm의 크기로 잘라 똑같이 만들어 글루건으로 신발 상자에 붙인다.

② 바깥쪽 칸막이 밑은 남는 우드락을 붙여 휘어지지 않게 단단히 고정한다.

③ 진열장 상자 뒤쪽에 압정 단추를 붙이고, 상자 안쪽 열리는 부분에 글루건으로 지끈을 붙인다. 진열장을 열었을 때 지끈을 압정 단추에 걸어 고정되도록 한다.

④ 진열장을 구분하기 위해 글씨를 프린트해 코팅한 후, 뒤에 우드락으로 고정시켜 진열장 위에 세워 올려둔다.

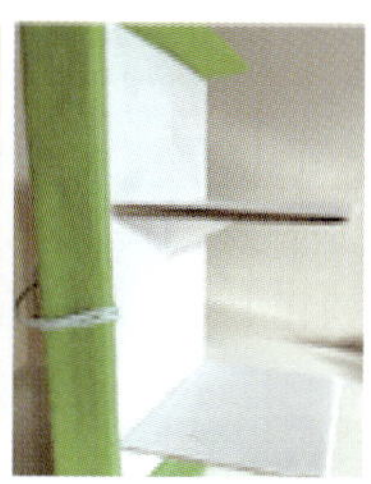

3. 계산대, 스캐너

1) 계산대

① 종이상자를 24cm×18cm로 자른 후 검은색 색지로 감싼다. 계산대 화면은 도안을 그려 프린트해 코팅하여 색지로 감싼 상자 위에 붙인다.

② 돈통은 18cm×14cm×7.6cm의 크기로 상자를 잘라 틀을 만들어 준다. 안쪽 면은 이면지로 감싸고, 바깥쪽 면은 회색 펠트지로 감싸고, 손잡이는 하늘색 뽕뽕이를 붙인다.

2) 스캐너

① 진회색의 펠트지를 15cm×10cm의 스캐너 모양으로 잘라 오린 후, 안에 솜을 넣어 버튼홀 스티치로 바느질한다.

② 솜을 넣기 전에 앞면에는 검은색 펠트지로 긴 모양의 동그라미를 잘라 바느질한다. 뒷면은 빨간색 펠트지로 스캐너의 불빛 모양을 내기 위해 크기에 맞게 잘라 바느질한다.

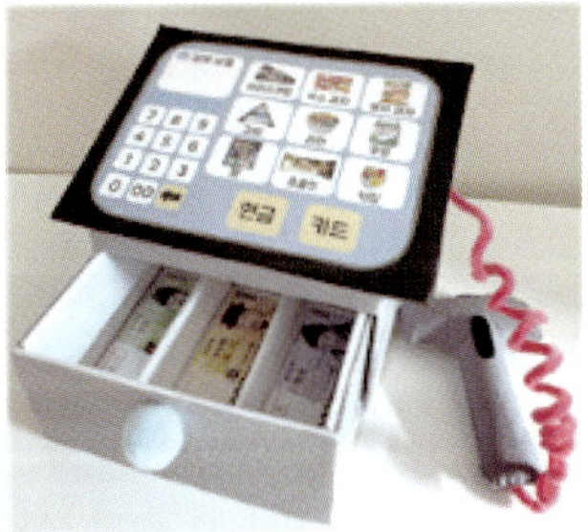

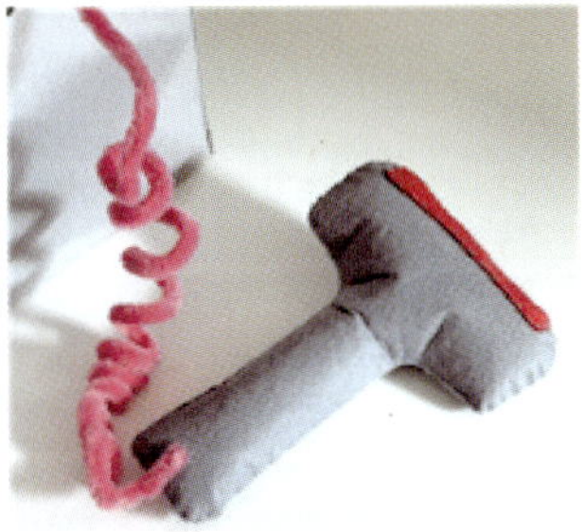

4. 장바구니, 돈, 카드, 카드 리더기, 핸드폰

1) 장바구니 : 바구니 구매, 펠트지로 손잡이를 달아준다.

2) 돈, 카드 : 도안을 프린트해 코팅한다.

3) 핸드폰 : 핸드폰 도안을 앞은 삼성페이 결제 화면, 뒤는 핸드폰의 뒷면을 프린트해 코팅한다. 상자를 8cm×14cm로 잘라 이면지로 감싼다. 그 후 도안을 글루건으로 앞, 뒤에 붙인다.

 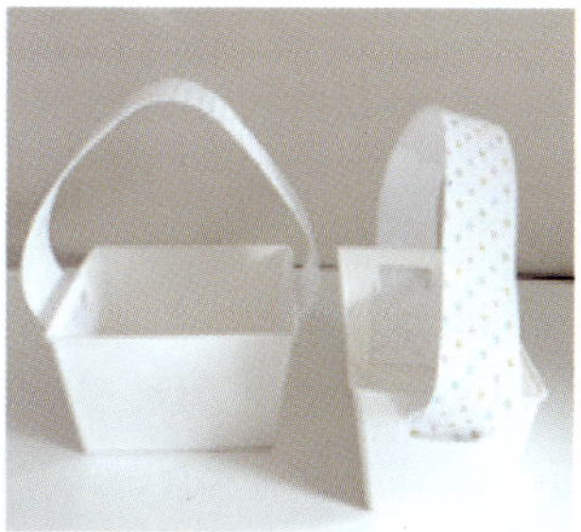

4) 카드 리더기

① 카드 리더기의 사진을 9.5cm×12.5cm 크기로 프린트해 코팅한다. 코팅한 것을 크기에 맞게 자른 상자에 붙인다.

② 우드락을 비스듬히 잘라 카드 리더기 아래에 붙인다. 실제 카드를 꽂을 수 있도록 카드를 넣는 부분을 뚫어준다.

5. 달콤 카페

생활주제	우리 동네	주제	우리 동네 사람들	연령	4세
교구명	달콤 카페			흥미영역	역할영역
교육과정 관련요소	• 사회관계 〉 사회에 관심 가지기 〉 내가 살고 있는 곳에 대해 궁금한 것을 알아본다. • 의사소통 〉 듣기와 말하기 〉 상황에 적절한 단어를 사용하여 말한다. • 예술경험 〉 창의적으로 표현하기 〉 극놀이로 경험이나 이야기를 표현한다.				
기대되는 효과	• 카페에서 파는 메뉴에 대해 알 수 있다. • 친구와 함께 즐겁게 협력하여 놀이할 수 있다. • 카페에 대해 관심을 가질 수 있다.				
재료	여러 색깔의 클레이와 펠트지, 글라스아트, 글루건, 가위, 뽕뽕이, 포크, 접시, 상자, 플라스틱 컵, 빨대, 우드락, 메뉴판, 현금, 카드, 돈 보관함				
제작방법	**1. 캐릭터 마카롱** ① 여러 색깔의 클레이를 사용하여 마카롱을 만든 후, 글라스아트로 얼굴을 꾸며준다. 				

2. 초콜릿

① 여러 색깔의 클레이를 사용하여 초콜릿 모양을 만든 후, 글라스아트로 꾸며준다.

3. 미니 롤케이크

① 두 가지 색깔의 클레이를 겹쳐 돌돌 말아준다.

② 위에 흰색 클레이를 사용하여 생크림을 만든다.

③ 빨간색과 초록색 클레이를 사용하여 딸기를 만들고, 초록색 클레이를 사용하여 나뭇잎을 만들어 생크림 위에 올려준다.

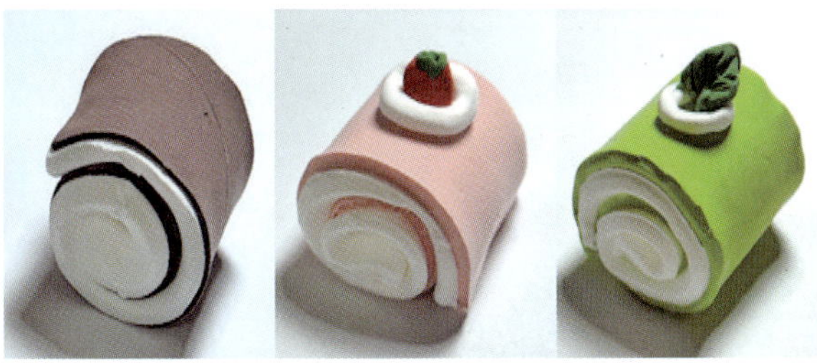

4. 에이드(레몬, 자몽, 청포도)

① 노란색 뽕뽕이(레몬에이드), 분홍색 뽕뽕이(자몽에이드), 연두색 뽕뽕이(청포도에이드)를 각각 플라스틱 컵에 채우고, 그 위에 하얀색 뽕뽕이(얼음)를 올린다.

② 레몬, 자몽, 청포도 조각 사진을 인쇄해 코팅하여 각 뽕뽕이 컵에 넣는다.

5. 디저트 진열대

① 우드락을 40cm×27cm 크기 2개, 27cm×18cm 크기 2개를 자른다.

② 40cm×27cm 크기의 우드락 양쪽 옆면에 27cm×18cm 크기의 우드락을 붙여준다.

③ 윗면과 앞면을 투명 아세테이트지로 덮어 글루건으로 붙여준다.

6. 음료수 믹서기

① 손코팅지로 믹서기의 틀을 만든다.

② 믹서기 전개도를 믹서기 틀의 위·아래에 붙인다.

③ 믹서기 아래에 버튼을 만든다.

7. 얼음 생성기와 재료 준비대, 메뉴판

① 상자 여는 곳을 크기에 맞게 자른다.

② 자른 곳에 뽕뽕이 3개를 붙여 얼음 생성기를 만든다.

③ 얼음 생성기 옆에 한 면을 자른 상자를 이어 붙여 음료수 재료를 준비하는 공간(테이프식 후크 이용)을 만든다.

④ 상자를 이어 붙여 만든 얼음 생성기와 재료 준비대 뒷면에 메뉴판을 붙인다.

8. 현금과 카드

① 실제 현금(500원, 1000원)과 카드 사진을 잘라서 코팅한다.

9. 돈 보관함, 접시, 포크 – 시중에 파는 제품 활용

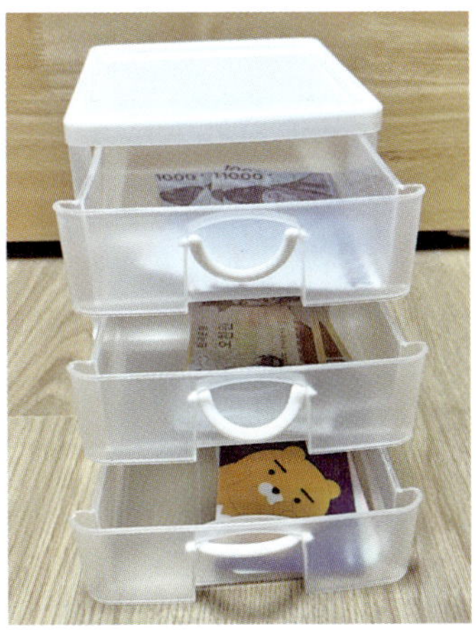

활동방법	① 카페에 있는 메뉴판을 보고 디저트와 음료수를 사고 파는 등 자유롭게 카페 놀이를 한다.
참고문헌	미니 롤케이크 만들기 : https://www.youtube.com/watch?v=iwUnQh38jMY 음료수 만들기 : https://www.youtube.com/watch?v=qUL55XAtnos 음료수 믹서기 만들기 : https://www.youtube.com/watch?v=d_I1_-ILbZA (4:47~12:36) 얼음 생성기와 재료 준비대 만들기 : https://www.youtube.com/watch?v=53ao9tx3o-I

6. 배스킨라빈스 31!

<table>
<tr><th>생활주제</th><td>여름</td><th>주제</th><td>아이스크림 모으기</td><th>연령</th><td>4세</td></tr>
<tr><th>교구명</th><td colspan="2">배스킨라빈스 31!</td><th>흥미영역</th><td colspan="2">수·조작영역</td></tr>
<tr><th>교육과정 관련요소</th><td colspan="5">• 사회관계 〉 사회에 관심 가지기 〉 내가 살고 있는 곳에 대해 궁금한 것을 알아본다.
• 의사소통 〉 듣기와 말하기 〉 상황에 적절한 단어를 사용하여 말한다.
• 예술경험 〉 창의적으로 표현하기 〉 극놀이로 경험이나 이야기를 표현한다.</td></tr>
<tr><th>기대되는 효과</th><td colspan="5">• 주사위를 돌려 나온 종류에 맞게 아이스크림을 가져오며 1:1 대응시킨다.
• 돌림판을 돌려 나온 개수에 맞게 아이스크림을 가져오며 1:1 대응시킨다.
• 아이스크림을 정해진 개수만큼 콘에 올리며 수 개념을 익힌다.</td></tr>
<tr><th>재료</th><td colspan="5">칼, 가위, 풀, 자, 글루건, 수채화 물감, 붓, 종이컵, 펠트지(하늘색), 손코팅지, 펜(볼펜, 사인펜), 아이클레이(하양, 노랑, 빨강, 갈색, 하늘, 분홍, 검정, 형광연두), 하드보드지, 보드롱, 시트지, 송곳, 빨대, 바니쉬</td></tr>
<tr><th>제작방법</th><td colspan="5">1. 아이스크림 보관 상자(가로 25cm×세로 20cm)
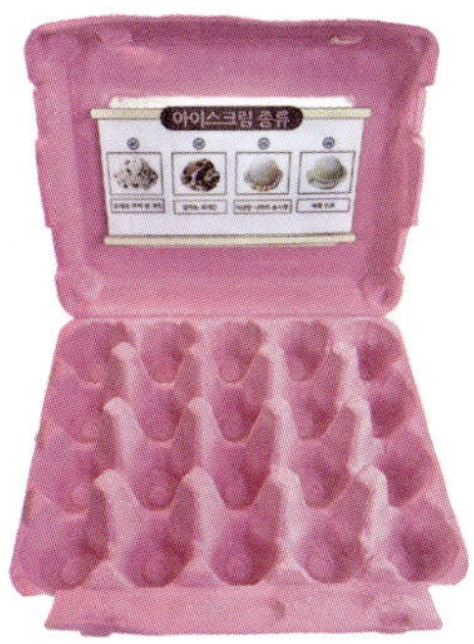
① 계란판(20구) 겉과 속에 수채화 물감을 칠해 색을 입힌다.
② 배스킨라빈스 로고와 똑같이 도안을 제작한다.</td></tr>
</table>

③ 도안을 코팅한 후 오려서 붙인다.
④ 아이스크림의 종류가 적힌 도안을 제작한다.
⑤ 제작한 도안을 코팅 후 오려서 뚜껑 안쪽에 붙인다.

2. 게임판(가로 25.3cm×세로 20cm)

① 달걀판(20구)의 뚜껑을 자른다.
② 달걀판에 물감을 칠해 색을 입힌다.
③ 바니쉬를 칠해서 게임판을 코팅해 준다.
④ 달걀판에 뾰족하게 튀어나온 기둥의 윗부분을 1cm 잘라내어 콘이 들어갈 구멍을 만든다.
⑤ 같은 방법으로 1개를 더 만든다.

3. 콘(가로 3cm×세로 3cm×높이 5cm)

① 달걀판(20구)을 2개 준비한다.
② 달걀판에 뾰족하게 튀어나온 기둥 부분만 칼로 도려내어 24개 준비한다.
③ 가위로 콘의 모서리를 둥글게 다듬고 각 콘의 높이가 같아지도록 길이를 조절한다.
④ 종이컵에 물을 1/3 넣고 살구색 수채화 물감을 넣어 색과 농도를 맞춰준다(콘이 물감에 잠길 수 있도록 물을 넉넉히 준비).

⑤ 물감이 담긴 종이컵 속에 콘이 모두 잠기게 넣어 콘에 겉과 속에 물감을 고루 입혀준다(붓으로 칠해도 되지만 계란판에 표면이 울퉁불퉁하여 골고루 칠해지지 않고 시간이 오래 걸리기 때문에 이 방법을 권장).

⑥ 콘을 말려준다.

⑦ 두꺼운 검정 펜을 사용하여 콘에 무늬를 그려 넣어준다(콘이 다 마르지 않으면 펜이 번지기 때문에 주의한다).

⑧ 바니쉬를 바르고 말린다. 칠을 여러 번 하면 펜으로 그린 무늬가 번지기 때문에 많은 양을 한번에 칠한다.

4. 아이스크림

1) 오레오 쿠키 앤 크림(가로 4cm×세로 4cm)

① 아이클레이 하얀색과 노란색을 9:1 비율로 섞어 베이지색을 만들어 준다.

② 클레이를 굴려가며 동그라미 모양으로 만든다.

③ 동그란 모양으로 만든 클레이 가장자리에 칼집을 내어준다.

④ 칼집 낸 부분을 손으로 잡아당기며 아이스크림을 실감나게 표현한다.

⑤ 아이클레이 갈색과 검은색을 8:2 비율로 섞어 진한 갈색을 만들어 준다.

⑥ 진갈색 클레이를 1cm로 작게 잘라 납작하게 만든다.

⑦ 납작해진 클레이의 양 끝을 손톱으로 잡고 찢어 쿠키 조각의 결을 표현한다.

⑧ ④에서 만든 베이지색 아이스크림 위에 쿠키 조각들을 붙인다.

⑨ 진갈색 아이클레이를 잘라 동그랗게 굴려서 0.3cm로 만든 뒤 아이스크림 여백에 붙인다.

⑩ 완성한 아이스크림을 말린다.

⑪ 말린 아이스크림 위에 바니쉬를 발라 마무리한다.

2) 엄마는 외계인(가로 4cm×세로 4cm)

위에서 본 모습

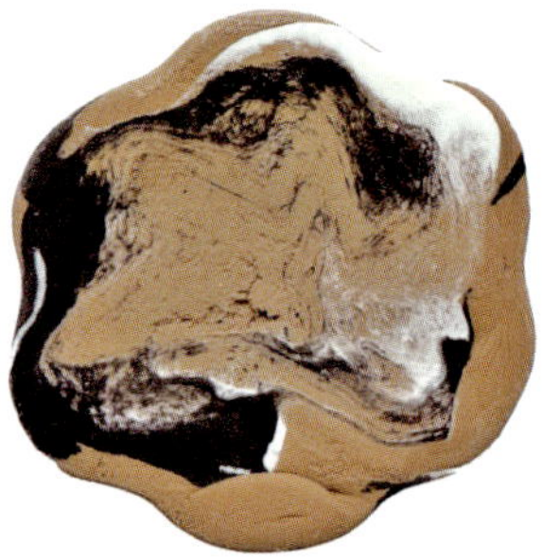

밑에서 본 모습

① 오레오 쿠키 앤 크림 맛에서 만든 베이지색과 갈색 클레이를 섞어 연한 초코색을 만든다.

② 클레이를 굴려가며 동그라미 모양으로 만든다.

③ 동그란 모양으로 만든 클레이 가장자리에 칼집을 내어준다.

④ 칼집 낸 부분을 손으로 잡아당기며 아이스크림을 실감나게 표현한다.

⑤ 오레오 쿠키 앤 크림 맛에서 만든 진갈색 클레이를 가늘고 긴 모양으로 반죽한다.

⑥ ④에서 만든 아이스크림 위에 진갈색 클레이를 칭칭 감아 붙여준다.

⑦ 클레이를 평평한 곳에서 굴려서 진갈색 클레이가 아이스크림 안으로 섞여 들어가게 한다.

⑧ 오레오 쿠키 앤 크림 맛에서 만든 베이지색 클레이를 ⑤, ⑥과 같은 방법으로 만든다.

⑨ 진갈색과 빨간색 클레이를 7:3 비율로 섞어 초코볼을 만든다.

⑩ ⑨에서 만든 클레이를 동그랗게 굴려 0.5cm로 만든다.

⑪ ⑧에서 만든 아이스크림을 볼펜으로 찔러 구멍(3~5개) 사이에 초코볼을 붙여준다.

⑫ 완성한 아이스크림을 말린다.

⑬ 말린 아이스크림 위에 바니쉬를 발라 마무리한다.

3) 이상한 나라의 솜사탕(가로 4cm×세로 4cm)

① 하늘색, 분홍색, 노란색 클레이와 하얀색 클레이를 각각 4:6 비율로 섞어 연하늘, 연분홍, 연노랑 색을 만들어 준다.

② ①에서 만든 연하늘, 연분홍, 연노랑 색에 클레이를 각각 동그란 모양으로 만든다.

③ 다시 세 클레이를 합쳐 하나의 동그란 모양으로 만든다(색이 완전히 섞이지 않도록 주의한다).

④ 동그란 모양으로 만든 클레이 가장자리에 칼집을 내어준다.

⑤ 칼집 낸 부분을 손으로 잡아당기며 아이스크림을 실감나게 표현한다.

⑥ 완성한 아이스크림을 말린다.

⑦ 말린 아이스크림 위에 바니쉬를 발라 마무리한다.

4) 애플민트(가로 4cm×세로 4cm)

① 형광 연두색과 하얀색 아이클레이를 7:3 비율로 섞어 반죽한다.
② ①에서 만든 클레이를 동그란 모양으로 반죽한다.
③ 하얀색 클레이를 가늘고 긴 모양으로 반죽한다.
④ ②에서 만든 아이스크림 위에 ③의 클레이를 칭칭 감아 붙여준다.
⑤ 클레이를 평평한 곳에서 굴려서 하얀색 클레이가 연두색 아이스크림 안으로 섞여 들어가게 한다.
⑥ 동그란 모양으로 만든 클레이 가장자리에 칼집을 내어준다.
⑦ 칼집 낸 부분을 손으로 잡아당기며 아이스크림을 실감나게 표현한다.
⑧ 완성한 아이스크림을 말린다.
⑨ 말린 아이스크림 위에 바니쉬를 발라 마무리한다.

5. 주사위(가로 7.5cm×세로 7.5cm)

① 가로와 세로의 높이가 비슷한 우유갑을 씻고 물기를 닦는다.
② 우유갑 안에 종이를 구겨 넣어 주사위에 무게감을 주고, 방울을 넣어 소리가 나게 한다.
③ 우유갑의 윗부분을 접어 우유갑을 사각형으로 만든다.
④ 모양이 유지되도록 접은 부분을 테이프로 붙여 고정시킨다.

⑤ 펠트지를 7.5cm×8cm로 6개 자르고 글루건을 이용하여 우유갑에 붙여 준다.

⑥ 아이스크림 종류(4개)와 꽝(2개) 도안을 제작한다.

⑦ 제작한 도안을 인쇄하여 코팅한 후 오린다.

⑧ 주사위에는 보슬이를 붙이고, 오린 도안에 뒷면에는 까슬이를 붙여 마무리한다.

6. 돌림판(가로 14cm×세로 23cm)

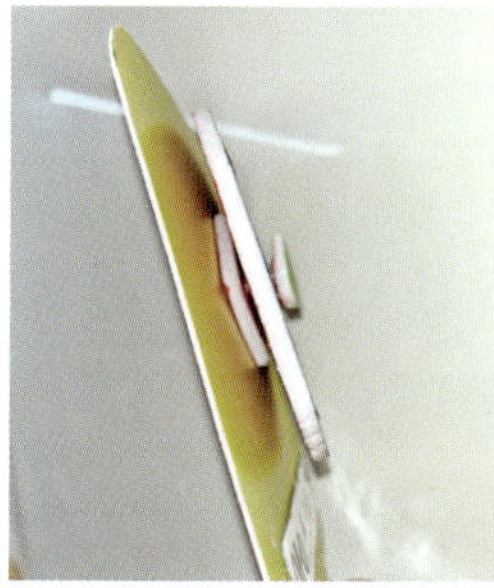

① 돌림판 도안을 프린트하여 오린다.

② 자른 도안들의 위에 원하는 색상의 시트지를 붙인다.

③ 시트지를 붙인 여러 도안들에 풀칠을 하고 보드롱에 붙여준다(원형 조각에는 중심에 구멍을 뚫어서 표시하고 붙여준다).

④ 도안에 모양에 따라 칼과 가위로 보드롱을 잘라준다.

⑤ 사용하고 남은 보드롱을 사각형(5cm×5cm) 모양으로 잘라준다.

⑥ 돌림판에 들어갈 숫자, 아이스크림, 글자 도안을 제작 후 프린트한다.

⑦ 프린트한 도안을 코팅하고 오린다.

⑧ 글루건을 사용하여 오린 도안을 돌림판에 붙인다.

⑨ 손잡이가 달린 판에 중앙에도 송곳으로 구멍을 뚫는다.

⑩ 구멍에 빨대를 넣어 각 재료들을 조립한다.

⑪ 빨대의 끝부분에는 가위로 칼집을 내고 자른 부분을 구부려 고정시킨다.

⑫ 글루건으로 빨대를 고정하여 마무리한다.

활동방법	① 두 유아가 가위바위보를 하여 순서를 정한다. ② 각자의 게임판에 콘 12개를 꽂아 준비한다. ③ 이긴 유아가 먼저 주사위와 돌림판을 돌려 자신이 가지고 올 아이스크림에 종류와 개수를 확인한다(주사위에 -1 혹은 꽝 등을 추가하여 규칙을 바꿀 수 있다). ④ 정해진 종류와 개수대로 아이스크림을 가져와 자신의 콘 위에 쌓는다. ⑤ 두 유아가 번갈아 가며 4번 과정을 반복하며 게임한다. ⑥ 12개의 아이스크림을 먼저 완성한 유아가 승리!
교구의 전체적인 모습	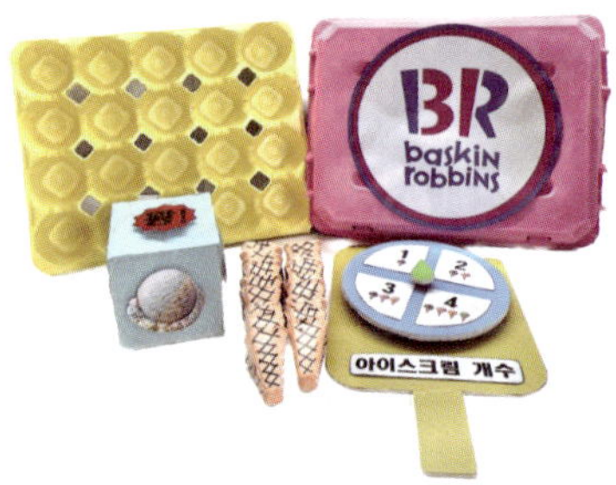 
참고문헌	배스킨라빈스 아이스크림 도안 참고 : http://www.baskinrobbins.co.kr/menu/list.php?top=A 돌림판 만드는 방법 도안 참고 : https://www.youtube.com/watch?v=pfE0SIdL-Rs

제4부

5세아 교재·교구 제작하기

제9장

5세아를 위한 교육과정 내용 이해하기

1. 2015 연령별 누리과정에서 5세아 신체운동·건강 영역의 내용
2. 2015 연령별 누리과정에서 5세아 의사소통 영역의 내용
3. 2015 연령별 누리과정에서 5세아 사회관계 영역의 내용
4. 2015 연령별 누리과정에서 5세아 예술경험 영역의 내용
5. 2015 연령별 누리과정에서 5세아 자연탐구 영역의 내용

제9장

5세아를 위한 교육과정 내용 이해하기

5세아를 위한 교재·교구를 제작하기 위해서는 우선 5세아를 위한 교육과정의 5개 영역별 세부내용에 대한 이해가 선행되어야 한다. 2019 개정 누리과정에는 연령별 세부내용이 제시되어 있지 않으므로 2015 연령별 누리과정의 세부내용을 참고하면 다음과 같다.

1. 2015 연령별 누리과정에서 5세아 신체운동·건강 영역의 내용

2015 연령별 누리과정에 제시되어 있는 5세아 신체운동·건강 영역의 세부내용은 다음과 같다. 좀 더 자세한 설명이 필요한 경우에는 누리과정 해설서를 참고하면 도움을 받을 수 있다.

내용 범주	내 용	5세 세부내용
신체 인식하기	감각능력 기르고 활용하기	감각으로 대상이나 사물의 특성과 차이를 구분한다.
		여러 감각기관을 협응하여 활용한다.
	신체를 인식하고 움직이기	신체 각 부분의 특성을 이해하고 활용하여 움직인다.
		자신의 신체를 긍정적으로 인식하고 움직인다.

신체 조절과 기본 운동하기	신체 조절하기	다양한 자세와 움직임에서 신체 균형을 유지한다.
		공간, 힘, 시간 등의 움직임 요소를 활용하여 움직인다.
		신체 각 부분을 협응하여 움직임을 조절한다.
		눈과 손을 협응하여 소근육을 조절해 본다.
		도구를 활용하여 여러 가지 조작운동을 한다.
	기본 운동하기	걷기, 달리기, 뛰기 등 다양한 이동운동을 한다.
		제자리에서 몸을 다양하게 움직인다.
신체 활동에 참여하기	자발적으로 신체 활동에 참여하기	신체 활동에 자발적이고 지속적으로 참여한다.
		다른 사람과 함께 하는 신체 활동에 참여한다.
		자신과 다른 사람의 운동능력의 차이를 이해한다.
	바깥에서 신체 활동하기	규칙적으로 바깥에서 신체 활동을 한다.
	기구를 이용하여 신체 활동하기	여러 가지 기구를 이용하여 신체 활동을 한다.
건강하게 생활하기	몸과 주변을 깨끗이 하기	스스로 몸을 깨끗이 하는 습관을 기른다.
		주변을 깨끗이 하는 습관을 기른다.
	바른 식생활하기	적당량의 음식을 골고루 먹는다.
		몸에 좋은 음식을 선택할 수 있다.
		음식을 소중히 여기고 식사예절을 지킨다.
	건강한 일상생활하기	규칙적으로 잠을 자고, 적당한 휴식을 취한다.
		하루 일과에 즐겁게 참여한다.
		규칙적인 배변 습관을 가진다.
	질병 예방하기	질병을 예방하는 방법을 알고 실천한다.
		날씨와 상황에 알맞게 옷을 입는다.

안전하게 생활하기	안전하게 놀이하기	놀이기구나 놀잇감, 도구의 바른 사용법을 알고 안전하게 사용한다.
		안전한 장소를 알고 안전하게 놀이한다.
		TV, 인터넷, 통신기기 등의 위해성을 알고, 바르게 사용한다.
	교통안전 규칙 지키기	교통안전 규칙을 알고 지킨다.
		교통수단을 안전하게 이용한다.
	비상시 적절히 대처하기	학대, 성폭력, 실종. 유괴상황 시 도움을 요청하는 방법을 알고 행동한다.
		재난 및 사고 등 비상시 적절하게 대처하는 방법을 알고 행동한다.

2. 2015 연령별 누리과정에서 5세아 의사소통 영역의 내용

2015 연령별 누리과정에 제시되어 있는 5세아 의사소통 영역의 세부내용은 다음과 같다. 좀 더 자세한 설명이 필요한 경우에는 누리과정 해설서를 참고하면 도움을 받을 수 있다.

내용 범주	내 용	5세 세부내용
듣 기	낱말과 문장 듣고 이해하기	낱말의 발음에 관심을 가지고 비슷한 발음을 듣고 구별한다.
		다양한 낱말과 문장을 듣고 뜻을 이해한다.
	이야기 듣고 이해하기	다른 사람의 이야기를 듣고 이해한다.
		이야기를 듣고 궁금한 것에 대해 질문한다.

	동요, 동시, 동화 듣고 이해하기	동요, 동시, 동화를 다양한 방법으로 듣고 즐긴다.
		전래 동요, 동시, 동화를 듣고 우리말의 재미를 느낀다.
	바른 태도로 듣기	다른 사람의 이야기를 끝까지 주의 깊게 듣는다.
말하기	낱말과 문장으로 말하기	정확한 발음으로 말한다.
		다양한 낱말을 사용하여 상황에 맞게 말한다.
		일상생활에서 일어나는 일들을 다양한 문장으로 말한다.
	느낌, 생각, 경험 말하기	자신의 느낌, 생각, 경험을 적절한 낱말과 문장으로 말한다.
		주제를 정하여 함께 이야기를 나눈다.
		이야기 지어 말하기를 즐긴다.
	상황에 맞게 바른 태도로 말하기	듣는 사람의 생각과 느낌을 고려하여 말한다.
		때와 장소, 대상에 알맞게 말한다.
		바르고 고운 말을 사용한다.
읽 기	읽기에 흥미 가지기	주변에서 친숙한 글자를 찾아 읽어본다.
		읽어 주는 글의 내용에 관심을 가지고 읽어본다.
	책 읽기에 관심 가지기	책 보는 것을 즐기고 소중하게 다룬다.
		책의 그림을 단서로 내용을 이해한다.
		궁금한 것을 책에서 찾아본다.
쓰 기	쓰기에 관심 가지기	말이나 생각을 글로 나타낼 수 있음을 안다.
		자신의 이름과 주변의 친숙한 글자를 써 본다.
		자신의 느낌, 생각, 경험을 글자와 비슷한 형태나 글자로 표현한다.
	쓰기 도구 사용하기	쓰기 도구의 바른 사용법을 알고 사용한다.

3. 2015 연령별 누리과정에서 5세아 사회관계 영역의 내용

2015 연령별 누리과정에 제시되어 있는 5세아 사회관계 영역의 세부내용은 다음과 같다. 좀 더 자세한 설명이 필요한 경우에는 누리과정 해설서를 참고하면 도움을 받을 수 있다.

내용 범주	내 용	5세 세부내용
나를 알고 존중하기	나를 알고 소중히 여기기	나에 대해 알아본다.
		나와 다른 사람의 신체적, 사회적, 문화적 차이를 존중한다.
		나에 대해 긍정적으로 생각하고 나를 소중하게 여긴다.
	나의 일 스스로 하기	내가 할 수 있는 일을 스스로 한다.
		하고 싶은 일을 계획하고 해 본다.
나와 다른 사람의 감정 알고 조절하기	나와 다른 사람의 감정 알고 표현하기	자신의 감정을 알고 표현한다.
		다른 사람의 감정을 알고 공감한다.
	나의 감정 조절하기	자신의 감정을 상황에 맞게 조절한다.
가족을 소중히 여기기	가족과 화목하게 지내기	가족의 의미와 소중함을 안다.
		가족과 화목하게 지낸다.
	가족과 협력하기	다양한 가족 구조에 대해 알아본다.
		가족은 서로 도와야 함을 알고 실천한다.
다른 사람과 더불어 생활하기	친구와 사이좋게 지내기	친구와 협동하며 놀이한다.
		친구와의 갈등을 긍정적인 방법으로 해결한다.
	공동체에서 화목하게 지내기	다른 사람과 도움을 주고받고, 서로 협력한다.
		교사 및 주변 사람과 화목하게 지낸다.

	사회적 가치를 알고 지키기	정직하게 말하고 행동한다.
		다른 사람을 배려하여 행동한다.
		친구와 어른께 예의 바르게 행동한다.
		다른 사람과 한 약속이나 공공규칙을 지킨다.
		자연과 자원을 아끼는 습관을 기른다.
사회에 관심 갖기	지역사회에 관심 갖고 이해하기	우리 동네에 대해 알아본다.
		다양한 직업에 관심을 갖는다.
		일상생활에서 돈의 쓰임에 대해 안다.
	우리나라에 관심 갖고 이해하기	우리나라를 상징하는 것을 알고 예절을 지킨다.
		우리나라의 전통, 역사, 문화에 관심을 갖는다.
		우리나라에 대해 자부심을 갖는다.
	세계 여러 문화에 관심 가지기	세계 여러 나라에 대해 관심을 갖고, 서로 협력해야 함을 안다.
		다양한 인종과 문화를 알아보고 존중한다.

4. 2015 연령별 누리과정에서 5세아 예술경험 영역의 내용

2015 연령별 누리과정에 제시되어 있는 5세아 예술경험 영역의 세부내용은 다음과 같다. 좀 더 자세한 설명이 필요한 경우에는 누리과정 해설서를 참고하면 도움을 받을 수 있다.

<table>
<tr><th>내용 범주</th><th>내 용</th><th>5세 세부내용</th></tr>
<tr><td rowspan="3">아름다움 찾아보기</td><td>음악적 요소 탐색하기</td><td>다양한 소리, 악기 등으로 음악의 셈여림, 빠르기, 리듬 등을 탐색한다.</td></tr>
<tr><td>움직임과 춤 요소 탐색하기</td><td>움직임과 춤의 모양, 힘, 빠르기, 흐름 등을 탐색한다.</td></tr>
<tr><td>미술적 요소 탐색하기</td><td>자연과 사물에서 색, 모양, 질감, 공간 등을 탐색한다.</td></tr>
<tr><td rowspan="14">예술적 표현하기</td><td rowspan="4">음악으로 표현하기</td><td>노래로 자신의 생각과 느낌을 표현한다.</td></tr>
<tr><td>전래동요를 즐겨 부른다.</td></tr>
<tr><td>리듬악기를 연주해 본다.</td></tr>
<tr><td>리듬과 노래 등을 즉흥적으로 만들어 본다.</td></tr>
<tr><td rowspan="3">움직임과 춤으로 표현하기</td><td>신체를 이용하여 주변의 움직임을 다양하게 표현한다.</td></tr>
<tr><td>움직임과 춤으로 자신의 생각과 느낌을 표현한다.</td></tr>
<tr><td>다양한 도구를 활용하여 창의적으로 움직인다.</td></tr>
<tr><td rowspan="3">미술활동으로 표현하기</td><td>다양한 미술활동으로 자신의 생각과 느낌을 표현한다.</td></tr>
<tr><td>협동적인 미술활동에 참여하여 즐긴다.</td></tr>
<tr><td>미술활동에 필요한 재료와 도구를 다양하게 사용한다.</td></tr>
<tr><td rowspan="2">극놀이로 표현하기</td><td>경험이나 이야기를 극놀이로 표현한다.</td></tr>
<tr><td>소품, 배경, 의상 등을 사용하여 협동적으로 극놀이를 한다.</td></tr>
<tr><td rowspan="2">통합적으로 표현하기</td><td>음악, 움직임과 춤, 미술, 극놀이 등을 통합하여 표현한다.</td></tr>
<tr><td>예술 활동에 참여하여 창의적으로 표현하는 과정을 즐긴다.</td></tr>
<tr><td rowspan="3">예술 감상하기</td><td rowspan="2">다양한 예술 감상하기</td><td>다양한 음악, 춤, 미술작품, 극놀이 등을 듣거나 보고 즐긴다.</td></tr>
<tr><td>나와 다른 사람의 예술표현을 소중히 여긴다.</td></tr>
<tr><td>전통예술 감상하기</td><td>우리나라의 전통예술에 관심을 갖고 친숙해진다.</td></tr>
</table>

5. 2015 연령별 누리과정에서 5세아 자연탐구 영역의 내용

2015 연령별 누리과정에 제시되어 있는 5세아 자연탐구 영역의 세부내용은 다음과 같다. 좀 더 자세한 설명이 필요한 경우에는 누리과정 해설서를 참고하면 도움을 받을 수 있다.

내용 범주	내 용	5세 세부내용
탐구하는 태도 기르기	호기심을 유지하고 확장하기	주변 사물과 자연세계에 대해 지속적으로 호기심을 갖고 알고자 한다.
	탐구과정 즐기기	궁금한 점을 알아보는 탐구과정에 참여하고 즐긴다.
		탐구과정에서 서로 다른 생각에 관심을 갖는다.
	탐구기술 활용하기	일상생활의 문제를 해결하는 과정에서 탐색, 관찰, 비교, 예측 등의 탐구기술을 활용해 본다.
수학적 탐구하기	수와 연산의 기초개념 알아보기	생활 속에서 사용되는 수의 여러 가지 의미를 안다.
		구체물 수량의 부분과 전체 관계를 알아본다.
		스무 개가량의 구체물을 세어보고 수량을 알아본다.
		구체물을 가지고 더하고 빼는 경험을 해 본다.
	공간과 도형의 기초개념 알아보기	위치와 방향을 여러 가지 방법으로 나타내 본다.
		여러 방향에서 물체를 보고 그 차이점을 비교해 본다.
		기본 도형의 공통점과 차이점을 알아본다.
		기본 도형을 사용하여 여러 가지 모양을 구성한다.
	기초적인 측정하기	일상생활에서 길이, 크기, 무게, 들이 등의 속성을 비교하고, 순서를 지어본다.
		임의 측정 단위를 사용하여 길이, 면적, 들이, 무게 등을 재본다.

	규칙성 이해하기	생활 주변에서 반복되는 규칙성을 알고 다음에 올 것을 예측해 본다.
		스스로 규칙성을 만들어 본다.
	기초적인 자료 수집과 결과 나타내기	필요한 정보나 자료를 수집한다.
		한 가지 기준으로 분류한 자료를 다른 기준으로 재분류해 본다.
		그림, 사진, 기호나 숫자를 사용해 그래프로 나타내 본다.
과학적 탐구하기	물체와 물질 알아보기	주변의 여러 가지 물체와 물질의 기본 특성을 알아본다.
		물체와 물질을 여러 가지 방법으로 변화시켜 본다.
	생명체와 자연환경 알아보기	나와 다른 사람의 출생과 성장에 대해 알아본다.
		관심 있는 동식물의 특성과 성장 과정을 알아본다.
		생명체를 소중히 여기는 마음을 갖는다.
		생명체가 살기 좋은 환경과 녹색환경에 대해 알아본다.
	자연현상 알아보기	돌, 물, 흙 등 자연물의 특성과 변화를 알아본다.
		낮과 밤, 계절의 변화와 규칙성을 알아본다.
		날씨와 기후변화 등 자연현상에 대해 관심을 갖는다.
	간단한 도구와 기계 활용하기	생활 속에서 간단한 도구와 기계를 활용한다.
		변화하는 새로운 도구와 기계에 관심을 갖고 장단점을 안다.

제10장

5세아 우수 교재·교구 사례 분석하기

1. 동물병원
2. 호빵가게
3. 추운 날 길거리 음식을 냠냠
4. 위험 탈출!
5. 오늘의 요리는 스파게티
6. 어떤 재료가 들어갈까?

제10장

5세아 우수 교재·교구 사례 분석하기

우수 교재·교구를 제작하기 위해서는 먼저 우수 교재·교구의 특징을 이해하고 그 사례들을 구체적으로 분석해 보는 경험이 필요하다. 다음에 제시된 6개의 교재·교구를 이 책의 제3장에서 제시한 10가지의 기준에 따라 분석하고 합계를 내어보자.

교구명 / 기준	동물 병원 (10)	호빵 가게 (10)	추운 날 길거리 음식을 냠냠 (10)	위험 탈출! (10)	오늘의 요리는 스파게티 (10)	어떤 재료가 들어갈까? (10)
① 연령(발달)적합성						
② 흥미성(재미성)						
③ 교육성(효과)						
④ 안전 및 견고성						
⑤ 심미성						
⑥ 보관의 용이성						
⑦ 경제성(폐품활용 등)						
⑧ 창의성						
⑨ 교환 및 반복활용 가능성						
⑩ 작품성						
합계						

※ 각 항목별로 10점 만점 기준임

1. 동물병원

<table>
<tr><td>생활주제</td><td>봄과 동식물</td><td>주제</td><td>동물병원 놀이</td><td>연령</td><td>5세</td></tr>
<tr><td>교구명</td><td colspan="3">동물병원</td><td>흥미영역</td><td>역할영역</td></tr>
<tr><td>교육과정 관련요소</td><td colspan="5">• 사회관계 〉 사회에 관심 가지기 〉 내가 살고 있는 곳에 대해 궁금한 것을 알아본다.
• 의사소통 〉 듣기와 말하기 〉 상황에 적절한 단어를 사용하여 말한다.
• 예술경험 〉 창의적으로 표현하기 〉 극놀이로 경험이나 이야기를 표현한다.</td></tr>
<tr><td>기대되는 효과</td><td colspan="5">• 수의사가 어떠한 일을 하는지 알 수 있다.
• 동물을 사랑하는 마음을 가질 수 있다.
• 역할놀이를 하며 상황에 맞는 언어를 알고 사용할 수 있다.
• 역할놀이를 통하여 질서와 배려를 배우며 다양한 사회성을 기를 수 있다.</td></tr>
<tr><td>재료</td><td colspan="5">펠트지, 접착 펠트지, 솜, 바느질 도구, 노란색 끈, 신발 끈, 단추, 코팅지, 빨대, 나무젓가락, 상자, 프린트한 도안들, 딱풀, 글루건, 글루건 심, 화장품 공병, 시트지, 우드락, 테이프, 파일, 까슬이, 보슬이, 접착 테이프, 브러시 고정 플라스틱, 칼, 가위 등</td></tr>
<tr><td>제작방법</td><td colspan="5">1. 청진기
① 펠트지를 청진기 모양으로 자른다.
② 둥그런 펠트지 2장을 겹쳐 안쪽, 바깥쪽을 차례대로 버튼홀 스티치 하면서 솜을 채워 넣고 마무리한다(청진기 본체).
③ 흰색 펠트지에 빨간색 십자가 접착 펠트지를 올리고 글루건으로 고정한다.
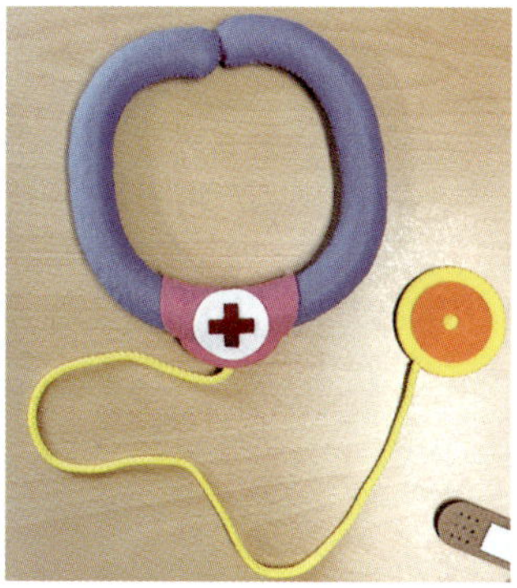</td></tr>
</table>

④ 분홍색 펠트지 1장에 ③을 글루건으로 붙인다.
⑤ ④에 다른 분홍색 펠트지를 겹치고 윗부분만 버튼홀 스티치 한다.
⑥ ②를 ⑤로 감싸고 양쪽 가장자리를 버튼홀 스티치 하다가 노란 끈을 넣고 다시 바느질하고 글루건으로 고정한다.
⑦ 노란 원형 펠트지에 주황색 원형 펠트지를 글루건으로 붙인다.
⑧ 다른 노란 원형 펠트지 1장에 ⑥의 노란 끈을 글루건으로 고정한다.
⑨ ⑦과 ⑧을 겹치고 가장자리를 버튼홀 스티치 한다.

2. 체온계

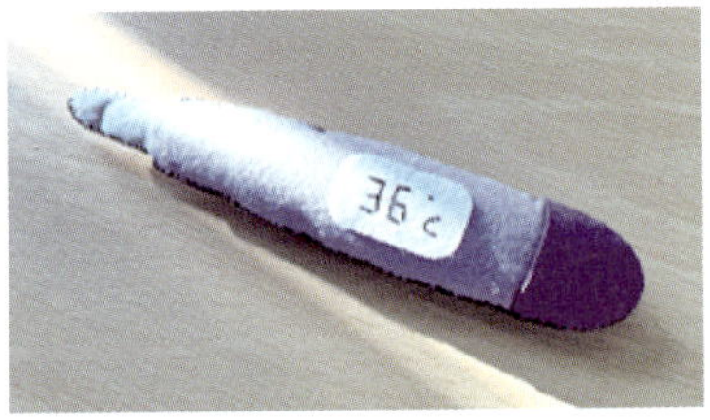

① 펠트지를 체온계 모양에 맞게 자른다.
② 회색 펠트지를 체온계 본체인 연보라색 펠트지에 글루건으로 살짝 붙인 후 버튼홀 스티치를 하면서 솜을 채워 넣는다.
③ 보라색 펠트지를 ②에 덧대고 버튼홀 스티치를 한다.
④ 흰색 펠트지에 바느질로 온도를 표시한다.
⑤ ④를 ③에 글루건으로 붙인다.

3. 주사기

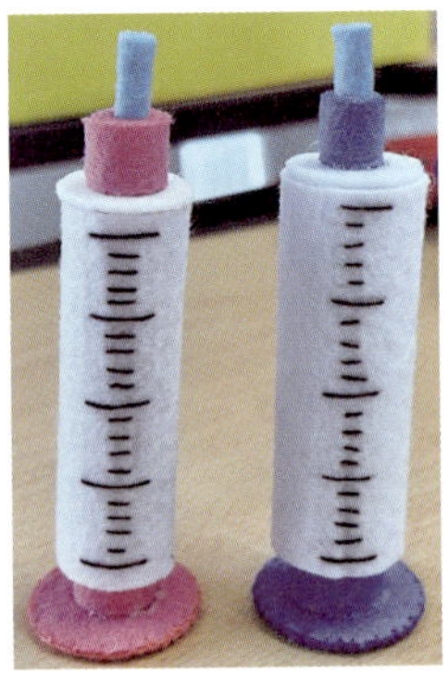

① 흰색 펠트지에 바느질로 눈금을 표시한다.
② ①을 브러시 고정 플라스틱에 글루건을 이용해 붙이고 흰색 원형 펠트지를 윗면에 붙인다.
③ 하늘색 펠트지와 분홍색 펠트지를 돌돌 말아 글루건으로 붙인 후 ①에 글루건으로 붙인다(파란색도 동일하게 한다).
④ 나무젓가락을 자르고 나무젓가락에 분홍색 펠트지를 돌돌 말아 글루건으로 붙인다(③에 들어가는지 확인하면서, 파란색도 동일하게 하는데, 한 바퀴 더 돌린다).

⑤ 분홍색 원형 펠트지 2장을 겹쳐 가장자리를 버튼홀 스티치 한다(파란색 도 동일하게 한다).

⑥ ⑤에 ④를 글루건으로 붙인다.

⑦ ⑥을 ③에 넣는다.

4. 약병

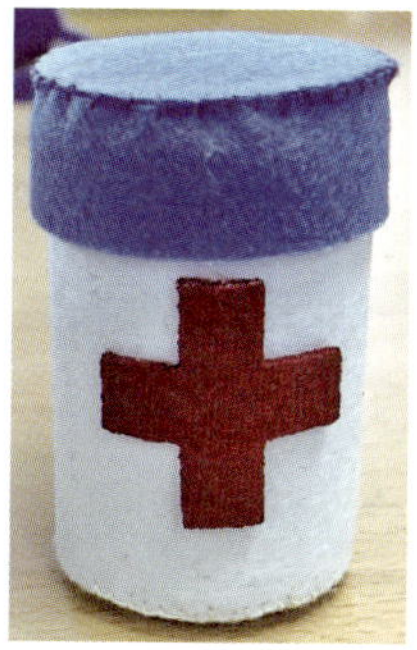

① 약병용 흰색 펠트지에 십자가 모양의 펠트지를 올리고 글루건으로 붙인다.

② 화장품 공병에 ①을 글루건으로 붙인다.

③ ②에 원형 펠트지를 글루건으로 고정한 후 가장자리를 버튼홀 스티치 한다.

④ 파란 직사각형 펠트지에 파란색 원형 펠트지를 겹쳐 버튼홀 스티치 한다(약병인 ③보다 약병 뚜껑인 ④가 더 커야 한다).

⑤ ③에 ④를 끼운다.

5. 알약

1) 작은 알약

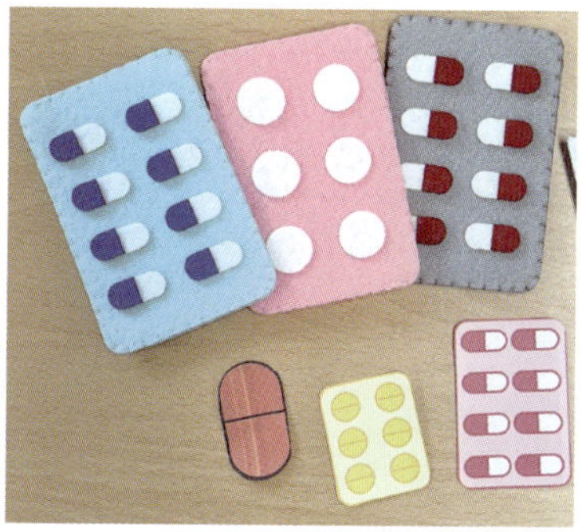

① 도안을 프린트해 자른다.

② ①에 테이프를 붙이고 자른다.

2) 큰 알약

① 파란색 펠트지를 직사각형으로 자르고 가장자리를 둥글게 만든다(파란색, 분홍색, 회색 각 4개씩).

② ①을 겹쳐 가장자리를 버튼홀 스티치 한다.

③ 접착 펠트지를 알약 모양으로 자르고 ②에 붙인다.

6. 가위

① 펠트지를 가위 모양에 맞게 자른다(손잡이와 가위 날 각 4개씩).
② 가위 날은 단단해질 수 있도록 2개씩 겹쳐 글루건으로 붙인다.
③ 손잡이 끝부분에 ②를 글루건으로 붙인다.
④ ③의 가장자리를 버튼홀 스티치 하면서 솜을 채워 넣고 마무리한다(양쪽 다).
⑤ ④의 사이에 단추를 바느질로 고정한다(가위가 움직일 정도로만 고정한다).
⑥ ⑤의 바느질 자국을 감추기 위해 흰색 원형 펠트지를 글루건으로 붙인다.

7. 의료용 망치

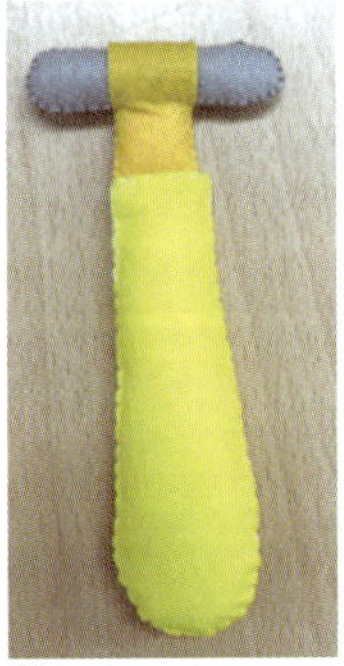

① 펠트지를 의료용 망치 모양에 맞게 자른다.
② 망치 부분인 회색 펠트지를 겹치고 가장자리를 버튼홀 스티치 하면서 솜을 채워 넣는다.
③ 진한 노란색 펠트지를 직사각형으로 잘라 ②에 두르고 가장자리를 버튼홀 스티치 한다.
④ ③을 손잡이 부분에 박음질로 고정한 후 가장자리를 버튼홀 스티치 하면서 솜을 채워 넣는다.

8. 상처 연고

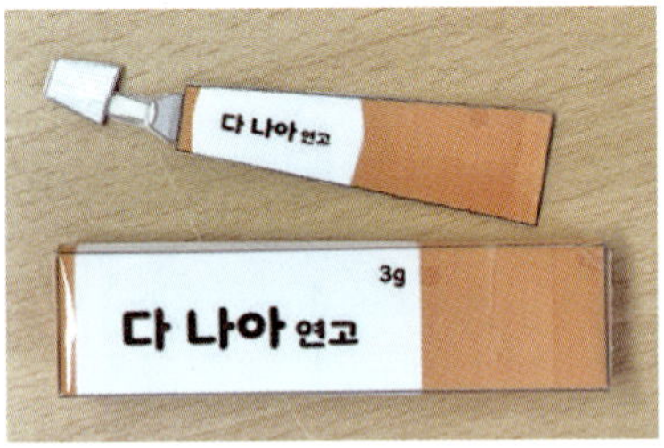

① 도안을 프린트해 자른다.
② ①을 테이프로 코팅한다.
③ ②를 자르고 접는다.
④ ③을 딱풀과 테이프로 고정한다.
⑤ 연고 상자는 열고 닫을 수 있도록 접착 테이프를 붙인다.
⑥ 연고를 ⑤에 넣는다.

9. 반창고

1) 종이 반창고

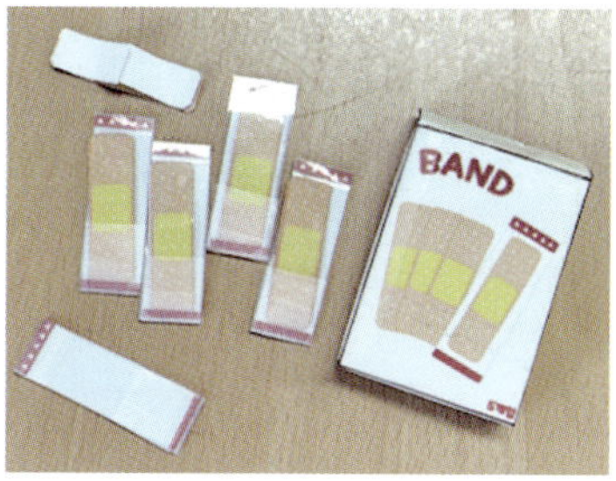

① 반창고, 반창고 포장지 도안을 프린트해 자르고 테이프로 코팅한다(5개).

② ①을 자르고 접착 테이프로 실제 반창고처럼 붙이고 반창고 포장지는 열고 닫을 수 있도록 밑부분만 테이프로 붙이고 윗부분은 접착 테이프로 붙인다.

③ 반창고 상자를 프린트해 자른 후 테이프로 코팅한다.

④ ③을 상자로 만들고 열고 닫는 부분에 접착 테이프를 붙인다.

⑤ ④에 ②를 넣는다.

2) 펠트지 반창고

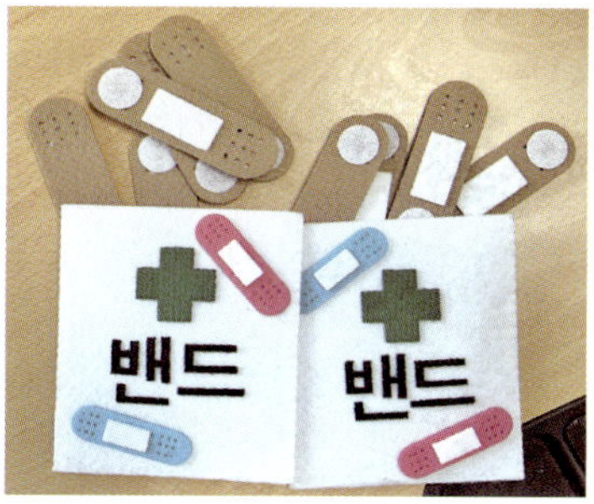

① 갈색 펠트지를 반창고 모양에 맞게 자른다(12개).

② 흰색 펠트지를 직사각형 모양으로 자르고 ①에 글루건으로 붙인다(12개).

③ ②에 갈색 실로 반창고 구멍을 표현한다.

④ ③의 양쪽에 까슬이와 보슬이를 붙인다(둘렀을 때 붙을 수 있도록 붙인다).

⑤ 흰색 펠트지를 직사각형으로 자르고 반으로 접은 후 가장자리를 버튼홀 스티치 한다.

⑥ 초록색 접착 펠트지를 약국 모양으로 자르고 ⑤에 붙인다(2개).

⑦ '밴드' 글씨를 펠트지로 만들고 ⑥에 붙인다(2개).

⑧ 하늘색, 분홍색 펠트지를 반창고 모양으로 자르고 흰색 직사각형 펠트지를 붙여 반창고를 만든다(각 2개).

⑨ ⑦에 ⑧을 붙이고 ④를 넣는다(6개씩).

10. 알약 봉지

1) 종이 약 봉투

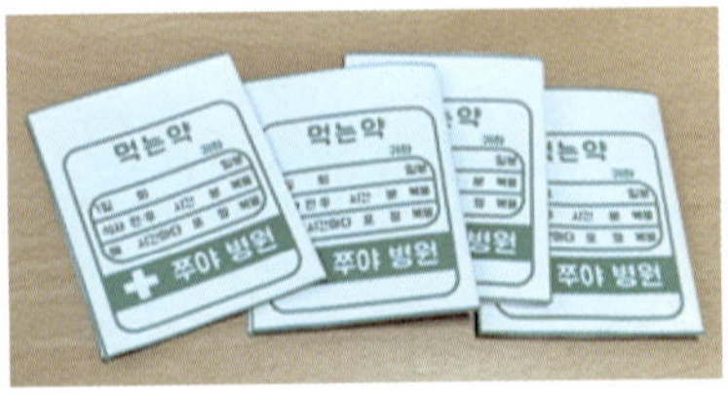

① 도안을 프린트해 자른다.

② ①을 접어 풀로 붙이며 약 봉투를 만든다.

2) 펠트 약 봉투

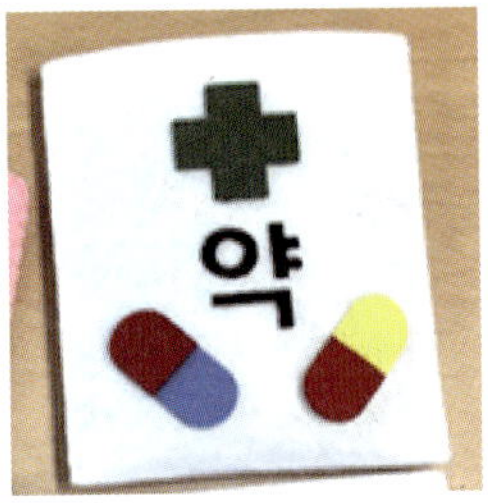

① 흰색 펠트지를 직사각형으로 자르고 반으로 접은 후 가장자리를 버튼홀 스티치 한다.

② 초록색 접착 펠트지를 약국 모양으로 자르고 ①에 붙인다(2개).

③ '약' 글씨를 펠트지로 만들고 ②에 붙인다(2개).

④ 알약을 만들고 ③에 글루건으로 붙인다.

11. 약 봉투

① 도안을 프린트해 자른다.

② ①을 접고 딱풀로 봉투를 만든다.

12. 혈압계

① 펠트지를 직사각형으로 잘라 한 쪽에 끈을 글루건으로 붙인다.

② ①과 다른 직사각형 펠트지를 겹쳐 가장자리를 버튼홀 스티치 하고 양쪽 끝에 까슬이와 보슬이를 붙인다(끈이 들어갈 구멍을 남겨둔다).

③ 물방울 모양으로 펠트지를 잘라 ②의 끈을 글루건으로 붙인다.

④ ③과 다른 물방울 모양 펠트지를 겹쳐 버튼홀 스티치를 하다가 안에 뽁뽁이를 넣고 버튼홀 스티치로 마무리한다.

⑤ 주황색 원형 펠트지와 흰색 원형 펠트지를 글루건으로 붙인다.

⑥ 검정색 화살표를 ⑤에 글루건으로 붙인 후 ④에 글루건으로 붙인다.

13. X선 사진

① X선 사진을 프린트해 자른다.

② ①을 코팅해 가장자리를 둥글게 자른다.

③ ②에 까슬이를 붙인다.

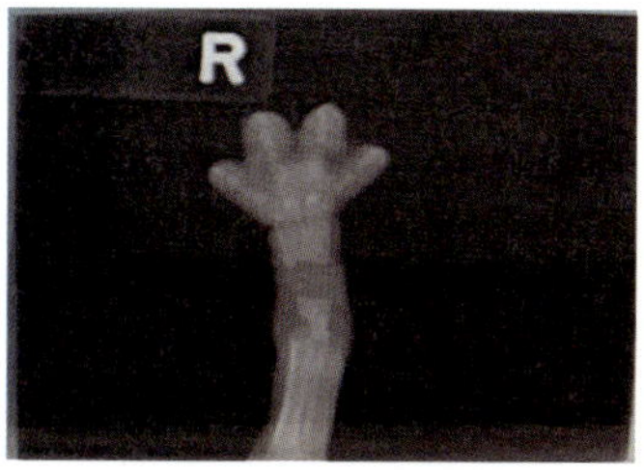

14. 진료차트

① 진료차트 도안을 프린트해 자른다.

15. 의사명찰

① 의사명찰 도안을 프린트해 자른다.

② ①을 코팅해 자른다.

16. 알코올 소독솜, 소독 통

1) 소독솜

① 흰색 펠트지를 솜 모양으로 자르고 2장을 겹쳐 버튼홀 스티치를 하며 솜을 넣어 마무리한다.

2) 소독 통

① 다 쓴 화장품 통에 흰색 펠트지를 두르고 글루건으로 붙인다.

② 연두색 펠트지를 직사각형과 원형으로 자르고 화장품 통 뚜껑에 글루건으로 붙인다.

③ 빨간색 펠트지를 십자가 모양으로 자르고 ①에 붙인 후 뚜껑을 닫는다.

④ 소독솜을 ③에 넣는다.

17. 넥카라

① 플라스틱 파일을 자른다.

② ①의 가장자리를 펠트지로 감싸고 글루건으로 붙인다.

③ ③의 양쪽 끝에 까슬이와 보슬이를 붙인다.

18. 병원놀이 가방

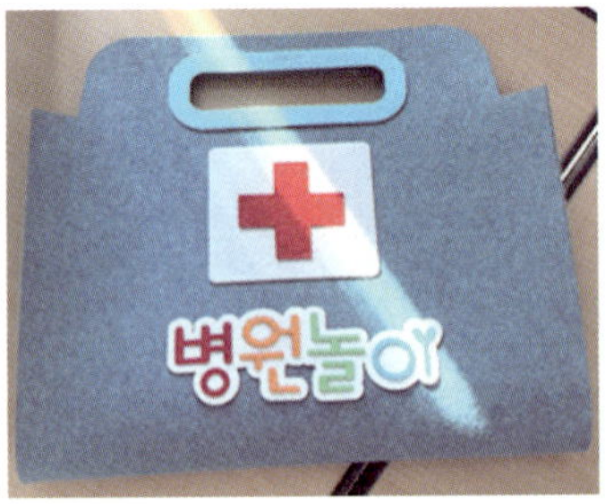

① 두꺼운 펠트지를 직사각형 가방 모양으로 자른다.

② 가방 손잡이 부분에 붙일 펠트지와 직사각형 가방의 세로 부분을 연결하기 위해 펠트지를 직사각형 모양으로 자른다.

③ 가방을 꾸미기 위해 '병원놀이' 글씨와 빨간색 십자가를 펠트지로 만든다.

<table>
<tr><td></td><td>

④ ③과 가방 손잡이 부분에 붙일 펠트지를 글루건을 사용해 ①에 붙인다.
⑤ 직사각형 가방의 세로 부분을 연결할 펠트지를 글루건을 사용해 ④를 반으로 접고 붙인다.

19. 병원

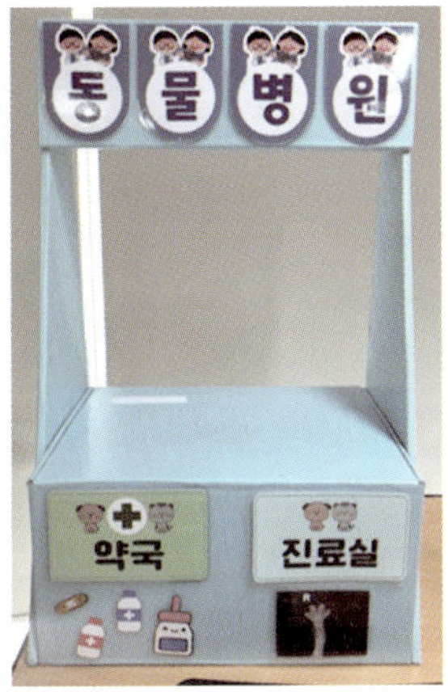

① 상자의 겉에 시트지를 붙인다.
② 우드락을 잘라 시트지를 붙인 후 양쪽 옆면에 글루건으로 고정한다.
③ ②에 시트지를 붙인 우드락을 가로로 글루건을 사용해 붙인다.
④ 동물병원 가랜드와 진료실, 약국, 약국 용품을 프린트한 후 자르고 코팅한 후 다시 자른다.
⑤ ③에 ④를 붙일 부분에 보슬이를 붙인다.
⑥ ④의 뒷면에 까슬이를 붙이고 ⑤에 붙인다(X선 사진도 붙인다).

</td></tr>
<tr><td>교구의 전체적인 모습</td><td>

</td></tr>
<tr><td>활동방법</td><td>① 다양한 동물병원 교구들을 가지고 동물병원 놀이를 해본다.</td></tr>
<tr><td>참고문헌</td><td>https://m.blog.naver.com/nunilee/120161590469</td></tr>
</table>

2. 호빵가게

생활주제	겨울	주제	따끈한 겨울철 음식	연령	5세
교구명	호빵가게	흥미영역	역할영역		
교육과정 관련요소	• 사회관계 〉 사회에 관심 가지기 〉 내가 살고 있는 곳에 대해 궁금한 것을 알아본다. • 의사소통 〉 듣기와 말하기 〉 상황에 적절한 단어를 사용하여 말한다. • 예술경험 〉 창의적으로 표현하기 〉 극놀이로 경험이나 이야기를 표현한다.				
기대되는 효과	• 친구들과 역할놀이를 하며 즐기고 더불어 생활하는 법을 배운다. • 상황에 맞는 행동과 문장을 사용할 수 있다. • 호빵 가게 놀이를 통해 겨울의 생활에 대해 알 수 있다.				
재료	상자, 칼, 자, 가위, 글루건, 양면테이프, 하늘색 지끈, 여러 색의 펠트지, PVC 투명 4절 필름지, 원단 10T, 벨크로, 솜, 원형 자석, 호빵 포장지, 호빵 종이, 호빵 용기, 집게, 테이프식 후크 고리, 8절 하드보드지, 호일 심지, 조명, 바느질 도구				
제작방법	**1. 호빵 기계**   				

① 상자를 원형(지름 30cm)으로 2개 자른 후, 각 원형에 맞게 높이 3cm, 12cm 박스를 잘라서 옆면에 둘러 붙인다. 전부 빨간색 펠트지로 감싼다.

② 제일 큰 원형 틀 안 바닥에 지름 8cm인 휴지심 세 개를 고정시킨다.

③ 두께 0.5mm인 PVC 투명 필름지(4절)를 둘레 94cm로 잘라 30cm 원형 모양 틀에 끼워 붙인다. 똑같은 두께의 PVC 투명 필름지를 91.5cm로 잘라 큰 필름지 안에 넣는다. 겉 필름지만 원형(30cm) 틀 모양에 붙여 고정시킨다(미닫이로 제작).

④ 겉 필름지의 호빵 기계의 문이 될 부분은 17cm×23.5cm로 자르고, 안 필름지의 문 크기는 13cm×23.5cm로 자른다. 안 필름지에 8.5cm×2.5cm의 손잡이를 달아준다.

⑤ 30cm 원형 모양 틀 중앙에 호일 심지를 붙인 후, 2개의 우드락을 지름 30cm로 잘라 가운데를 뚫어 심지에 끼운다. 우드락 윗부분에 하늘색 지끈을 둘러 붙인다.

⑥ 조명은 시중에 파는 선으로 된 LED 라이트(10m)를 호빵 기계 제일 위 천장 부분과 중간에 있는 우드락의 밑부분에 테이프로 고정시킨다. 선을 밖으로 빼 건전지 부분은 호빵 기계 뒤쪽에 넣어 보관할 수 있게 만든다.

⑦ 겉 필름지에 4cm×11cm의 주의판 스티커를 만들어 붙인다. 기계 윗부분에 호빵 사진 띠를 둘러 현실감 있게 만든다. 기계 아래에는 20cm×8.5cm의 온도 조절판을 프린트해 붙인다. 기계 옆 부분에 테이프식 후크 고리를 붙여 집게를 걸 수 있게 만든다.

2. 호빵(단팥, 피자, 야채, 고구마, 옥수수)

1) 원 모양 호빵

① 갈색, 주황색, 연한 초록색, 연한 보라색, 진한 노란색 펠트지를 호빵 한 개 기준 지름 12cm, 13cm인 원 모양으로 하나씩 자른다.

② 두 개를 겹쳐 버튼홀 스티치로 바느질한다. 중간중간 주름을 잡아 호빵 모양이 되도록 한다.

③ 안에 솜을 넣어 입체감 있게 만든다.

2) 반쪽 모양 호빵

① 펠트지를 지름 12cm인 원 모양으로 자른 후 또 반으로 자른다.

② 두 부분을 바느질하고, 17cm×8cm 크기의 타원형으로 펠트지를 잘라, ①의 펠트지와 바느질하고 그 속에 솜을 넣는다(한쪽의 호빵 완성). 맛별로 똑같이 만들어 준다.

③ 호빵 속이 될 부분은 펠트지를 4cm×8cm로 잘라서 반쪽짜리 호빵의 안쪽 면에 바느질한다. 바느질을 마무리하기 전 지름 2cm인 원형 흑자석을 넣고 바느질한다. 양쪽 모두 똑같이 하면 반쪽짜리 호빵이 자석으로 인해 붙이고 떼기가 가능하다.

3. 메뉴판, 포장지, 집게

① 8절 하드보드지에 메뉴판을 프린트해 붙인다. 하드보드지 반을 칼집을 내 접었다 폈다 할 수 있게 만든다.

② 호빵 밑에 붙이는 종이는 지름 12cm인 원 모양으로 만든다. 도형 안에 글씨를 넣고, 글씨 색상도 각 호빵에 맞는 색으로 맞춘 후, 프린트한다. 쉽게 구겨지지 않도록 같은 크기의 원 모양으로 종이를 잘라 겹쳐 붙인다. 찍찍이를 붙여 호빵에 붙였다 뗄 수 있게 한다.

③ 비닐 포장지와 집게는 적당한 크기로 구매한다.

교구의 전체적인 모습	 
활동방법	① 손님과 주인 역할을 정한다. ② 손님이 호빵을 주문한다. ③ 호빵 기계에서 집게로 호빵을 꺼내 포장지에 담아준다. ④ 호빵을 사고파는 가게 놀이를 할 수 있다.

3. 추운 날 길거리 음식을 냠냠

<table>
<tr><th>생활주제</th><td>우리 동네</td><th>주제</th><td>우리 동네 사람들</td><th>연령</th><td>5세</td></tr>
<tr><th>교구명</th><td colspan="2">추운 날 길거리 음식을 냠냠</td><th>흥미영역</th><td colspan="2">역할영역</td></tr>
<tr><th>교육과정
관련요소</th><td colspan="5">• 사회관계 〉 사회에 관심 가지기 〉 내가 살고 있는 곳에 대해 궁금한 것을 알아본다.
• 의사소통 〉 듣기와 말하기 〉 상황에 적절한 단어를 사용하여 말한다.
• 예술경험 〉 창의적으로 표현하기 〉 극놀이로 경험이나 이야기를 표현한다.</td></tr>
<tr><th>기대되는
효과</th><td colspan="5">• 겨울에 동네 길거리에서 파는 메뉴에 대해 알 수 있다.
• 친구와 함께 즐겁게 협력하여 놀이할 수 있다.
• 동네 길거리 음식에 대해 관심을 가질 수 있다.</td></tr>
<tr><th>재료</th><td colspan="5">갈색과 흑색 클레이, 10T 보드롱, 5T 보드롱, 칼, 글루건, 54.5cm×26cm의 택배 상자, 여러 색깔의 펠트지, 진열대, 돈 보관함, 현금 사진, 종이 호일, 봉지, 인덕션 장난감, 면장갑</td></tr>
<tr><th>제작방법</th><td colspan="5">1. 땅콩과자 40개
① 갈색 클레이를 사용하여 땅콩과자 모양을 만든다.
② 칼집을 내어 땅콩과자 무늬를 만든다.

2. 호두과자 20개
① 흑색 클레이를 사용하여 호두과자 모양을 만든다.
② 칼집을 내어 호두과자 무늬를 만든다.</td></tr>
</table>

땅콩과자

호두과자

3. 땅콩과자를 굽는 기계

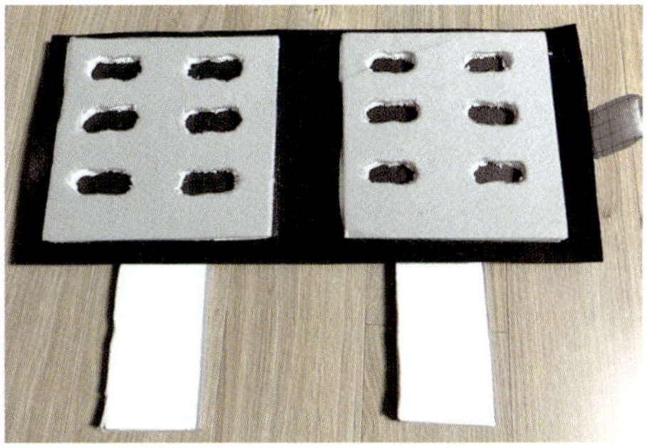

① 하얀색 10T 보드롱을 16cm×16cm 크기로 2장을 자르고, 회색 펠트지를 붙인다.

② 회색 펠트지를 붙인 후, 땅콩과자 12칸을 만들어 칼로 파낸다.

③ 아래에 검은색 5T 보드롱을 16cm×16cm 크기로 2장을 잘라 글루건으로 겹쳐 붙인다.

④ 회색 펠트지를 붙인 보드롱과 검은색 보드롱을 겹쳐 붙인 아래에 검은색 펠트지를 깔아서 기계 모양으로 열고 닫을 수 있도록 자르고, 글루건으로 붙인다(접고 열 수 있게 펠트지 사이 남겨두기).

⑤ 하얀색 10T 보드롱으로 손잡이를 만들어서 회색 펠트지를 붙이고, 글루건으로 붙인다.

4. 호두과자를 굽는 기계

① 하얀색 10T 보드롱을 16cm×16cm 크기로 2장을 자르고, 회색 펠트지를 붙인다.

② 회색 펠트지를 붙인 후, 호두과자 8칸을 만들어 칼로 파낸다.

③ 아래에 검은색 5T 보드롱을 16cm×16cm 크기로 2장을 잘라 글루건으로 겹쳐 붙인다.

④ 회색 펠트지를 붙인 보드롱과 검은색 보드롱을 겹쳐 붙인 아래에 검은색 펠트지를 깔아서 기계 모양으로 열고 닫을 수 있도록 자르고, 글루건으로 붙인다(접고 열 수 있게 펠트지 사이 남겨두기).

⑤ 하얀색 10T 보드롱으로 손잡이를 만들어서 회색 펠트지를 붙이고, 글루건으로 붙인다.

5. 진열대 – 시중에 파는 제품 활용

6. 가게

① 54.5cm×36cm×26cm의 택배 상자를 빨간색 펠트지로 감싼다.

② 상자 한 칸을 칼로 잘라내어 재료들을 보관할 수 있는 공간을 만든다.

③ 10T 보드롱을 사다리꼴(36cm×60.5cm×43.5cm) 모양으로 2개를 자르고, 하얀색 펠트지로 감싸 상자의 옆면에 붙인다.

④ 10T 보드롱을 직사각형(57.5cm×11cm) 모양으로 자르고, 빨간색 펠트지로 감싸 상자의 옆면 위에 이어 붙인다.

⑤ 10T 보드롱을 지붕(56cm×17.3cm) 모양으로 잘라서 빨간색 펠트지와 흰색 펠트지를 번갈아 붙인 뒤, 옆면 앞에 붙인다.

⑥ 만든 가게에 메뉴판을 붙인다.

7. 현금과 돈 보관함

① 실제 현금(1000원) 사진을 잘라서 코팅 후, 돈 보관함에 보관한다.

② 돈 보관함은 시중에 파는 것으로 대체한다.

8. 메뉴판

① 메뉴판을 만들어 코팅 후, 가게 앞에 붙인다.

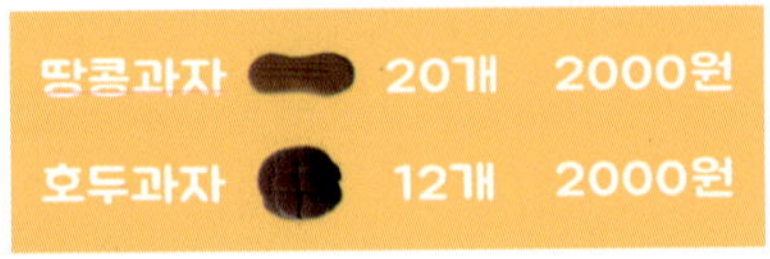

9. 인덕션 장난감 – 시중에 파는 제품 활용

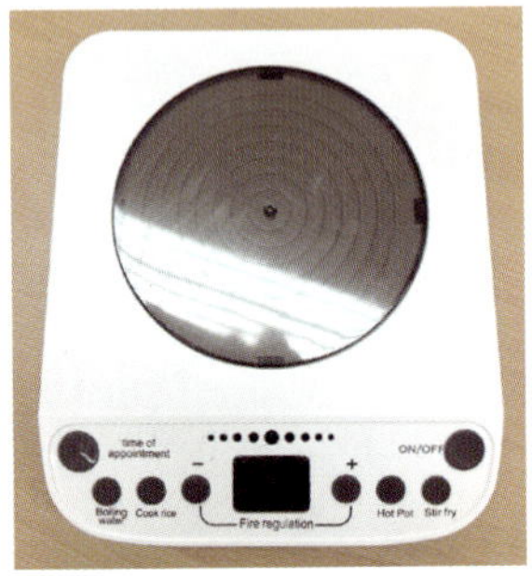

10. 봉투 – 시중에 파는 제품 활용

11. 면장갑 – 시중에 파는 제품 활용

활동방법	① 메뉴판을 보고 땅콩과자, 호두과자를 사고 파는 등 자유롭게 놀이를 한다.
참고문헌	트래블 푸드(Travel Food). 2019. 10. 9. Egg Bread, Walnut Cake, Peanut Cake/ Uijeongbu Koera/ The store mascot puppy/ 천원짜리 계란빵/ 호두과자, 땅콩과자. https://www.youtube.com/watch?v=p0lvd7GyQA4&t=336s.

4. 위험 탈출!

생활주제	자연재난	주제	지진에 대비할 물품을 챙겨요	연령	5세
교구명	위험 탈출!	흥미영역	역할영역		
교육과정 관련요소	• 신체운동·건강 〉 안전하게 생활하기 〉 안전사고, 화재, 재난, 학대, 유괴 등에 대처하는 방법을 경험한다. • 신체운동·건강 〉 안전하게 생활하기 〉 일상에서 안전하게 놀이하고 생활한다. • 사회관계 〉 더불어 생활하기 〉 약속과 규칙의 필요성을 알고 지킨다.				
기대되는 효과	• 지진에 대비하여 미리 챙겨야 할 물품에 대해 안다. • 게임의 규칙을 이해하고 즐겁게 참여한다.				
재료	비접착 펠트지(주황색, 빨간색, 레몬색, 개나리색, 분홍색, 흰색, 하늘색, 남색, 파란색, 검정색, 회색, 갈색, 연두색), 실, 바늘, 코팅지, 생존 용품 9개의 그림과 단어, 글루건, 노란색 전기테이프, 마스킹테이프, 주황색 벨크로 테이프, 검정색 유성 매직				
제작방법	**1. 손전등** ① 가로 15cm×세로 4cm 크기의 손전등 모양으로 개나리색 펠트지를 2개 오린다. ② 레몬색, 회색, 검정색 펠트지를 잘라서 ①에 글루건으로 붙인다. 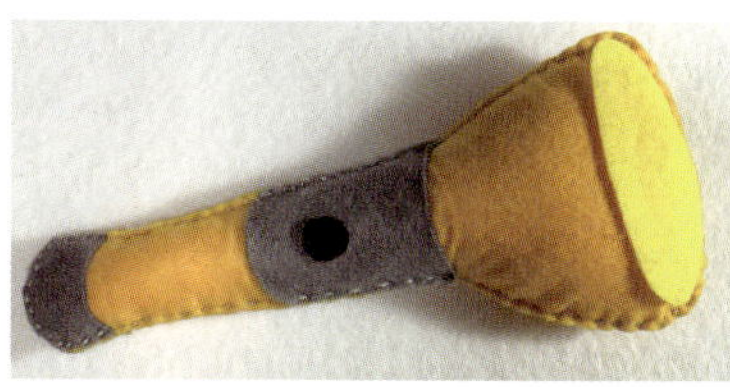 ③ ②를 2개 겹쳐서 솜을 넣고 홈질로 바느질한다.				

2. 휴지

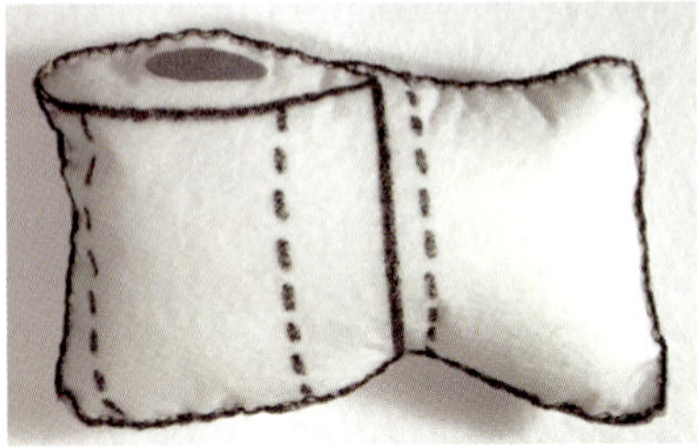

① 가로 12.5cm×세로 9cm 크기의 두루마리 휴지 모양으로 흰색 펠트지를 오린다.
② 검은색 유성 매직으로 그림과 같이 그린다.
③ 회색 펠트지를 잘라 심 부분에 붙인다.
④ 솜을 넣고 ③까지 만든 2개를 겹쳐서 솜을 넣고 홈질로 바느질한다.

3. 스팸

앞면

뒷면

① 가로 9cm×세로 8.5cm 크기로 남색 펠트지를 네모로 자른다.
② 레몬색 펠트지로 '스팸' 글자를 만들어 글루건으로 붙인다.
③ 연두색, 분홍색, 갈색, 빨간색, 개나리색 펠트지를 이용하여 그림과 같이 꾸미고 붙인다.
④ 앞면과 뒷면을 겹쳐 솜을 넣고 홈질로 바느질한다.

4. 킨더조이

앞면

뒷면

① 가로 5cm×세로 8cm의 달걀 모양으로 하얀색 펠트지를 오린다.

② 주황색, 남색, 개나리색, 하얀색, 빨간색 펠트지를 이용하여 그림과 같이 글루건으로 붙인다.

③ 버튼홀 스티치 기법으로 앞면과 뒷면을 겹쳐 솜을 넣고 바느질한다.

5. 마스크

① 가로 13cm×세로 8cm 크기의 마스크 모양으로 흰색 펠트지를 2개 오린다.

② 검은색 유성 매직으로 그림과 같이 꾸며준다.

③ 앞면과 뒷면을 겹쳐, 사이에 솜을 넣고 홈질로 바느질한다.

6. 호루라기

① 가로 6.8cm×세로 2.8cm 크기의 호루라기 모양으로 빨간색 펠트지를 2개 오린다.

② 분홍색 펠트지로 그림과 같이 꾸며준다.

③ 빨간색 펠트지를 약 30cm 길이로 잘라 호루라기 줄을 만든다.

④ 솜을 넣고 양쪽 면을 겹쳐 홈질로 바느질한다.

7. 구급가방

① 가로 13cm×세로 13cm 크기로 빨간색 펠트지와 흰색 펠트지를 오린다.

② 그림과 같이 구급가방을 꾸민다.

③ 손잡이와 양쪽 버튼, 빨간색 본체 가방 모두 양쪽 면을 만들어서 솜을 넣고 홈질로 바느질한다.

8. 안전모자

① 가로 14cm×세로 15cm 크기의 안전모자 모양으로 펠트지를 오린다.

② 노란색 펠트지 위에 주황색, 연두색, 흰색 펠트지로 그림과 같이 꾸며준다.

③ 회색 손잡이, 노란색 모자 모두 양쪽 면을 만들어서 솜을 넣고 홈질로 바느질한다.

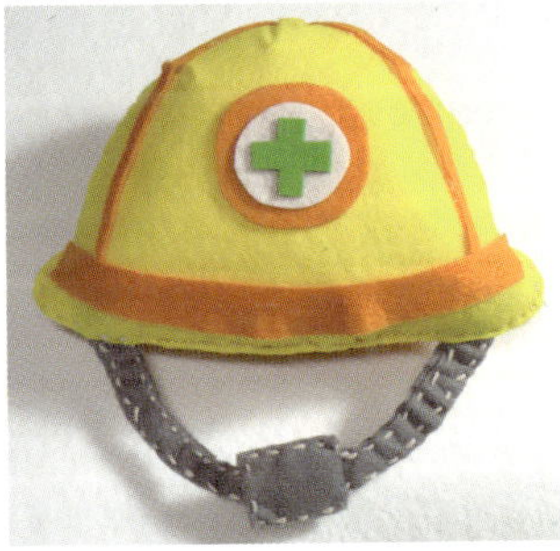

9. 물병

① 가로 7cm×세로 18cm 크기의 물병 모양으로 남색 펠트지를 자른다.

② 분홍색, 하얀색, 하늘색, 주황색, 검정색, 레몬색 펠트지를 잘라 그림과 같이 글루건으로 ①에 붙인다.

③ 앞면과 뒷면을 겹쳐 솜을 넣고 홈질로 바느질한다.

앞면 뒷면

10. 재난가방

① 가로 22cm×세로 25cm 크기의 그림과 같은 모양으로 아스테이지를 자른다(가방의 앞면).

② ①의 아스테이지의 테두리를 너비 약 1cm의 마스킹 테이프로 감싼다.

③ 가로 21cm×세로 12cm의 테두리가 둥근 정사각형 모양으로 아스테이지에 1개, 펠트지에 2개 자른다(가방의 밑면).

④ ①과 같은 모양으로 펠트지를 자른다(가방의 뒷면).

⑤ 가방의 옆면은 가로 11cm×세로 25cm의 크기로 그림과 같은 모양으로 자른다.

⑥ ①과 같은 모양이되, 가로 22cm×세로 30cm 크기로 그림과 같은 모양으로 아스테이지를 자른다. 자른 뒤 테두리를 노란색 전기테이프로 감싼다(가방의 덮개).

⑦ 가로 5cm×세로 44cm의 직사각형 모양으로 펠트지를 2개 자른다(가방 양쪽 어깨 끈).

⑧ 가로 8cm×세로 6cm의 크기로, 부메랑 모양으로 펠트지를 자른다(가방 위 고리 부분).

⑨ 가방 앞면, 뒷면, 옆면, 밑창을 버튼홀 스티치 기법으로 바느질한다.

⑩ 가방의 덮개와 가방 양쪽 어깨끈과 가방 위 고리 부분은 글루건으로 붙인다.

⑪ 주황색 벨크로를 가방의 덮개와 가방의 앞면에 글루건으로 붙인다. 가방의 앞면에 붙이는 벨크로는 펠트지를 덧대어 바느질로 고정시키도록 한다.

⑫ 바느질이 되어 있지 않은 가방 앞면 아스테이지 부분의 마스킹테이프가 떼어진다면 노란색 전기테이프를 붙인다.

11. 주사위

① 가로, 세로 11cm의 정사각형 모양으로 펠트지를 6개 자른다.
② 가로, 세로 5.5cm의 정사각형 모양으로 펠트지를 4개 자른다.
③ 가로, 세로 11cm의 정사각형 모양 펠트지 6개를 홈질로 바느질하여 육면체 주사위 모양으로 만든다.
④ 주사위의 안은 솜으로 가득 채운다.
⑤ 재난 생존 용품 9가지의 그림과 단어를 프린트하여 코팅한다.
⑥ 코팅한 그림과 단어를 주사위에 그림과 같이 글루건으로 붙인다.

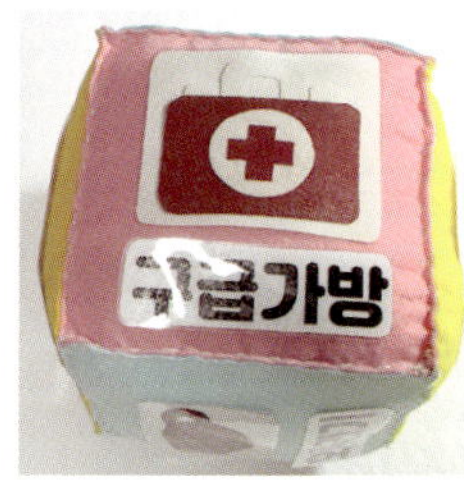

교구의 전체적인 모습

활동방법	① 원하는 가방을 고르고, 원하는 방법으로 순서를 정한다. ② 먼저 하는 사람이 주사위를 던진다. ③ 주사위에 나온 재난 대비 생존 용품을 자신의 가방에 챙긴다. ④ 번갈아 가면서 주사위를 던지며 재난 대비 생존 용품을 챙긴다. ⑤ 모든 재난 대비 용품을 챙기면, 게임이 끝난다. ⑥ 더 많은 재난 용품을 챙긴 사람이 이긴다.
유의할 점	• 주사위에서 상대방이 가져간 재난 용품이 나오거나, 이미 챙긴 재난 용품이 나온다면 다음 사람 차례로 넘어간다. • 4개의 재난 용품이 있는 주사위의 한 면이 나온다면 자신이 원하는 용품을 골라 가방에 챙길 수 있다.

5. 오늘의 요리는 스파게티

생활주제	세계 여러 나라	**주제**	다른 나라의 음식문화	**연령**	5세
교구명	오늘의 요리는 스파게티	**흥미영역**	역할영역		
교육과정 관련요소	• 사회관계 〉 사회에 관심 가지기 〉 다양한 문화에 관심을 가진다. • 자연탐구 〉 생활 속에서 탐구하기 〉 도구와 기계에 관심을 가진다. • 의사소통 〉 듣기와 말하기 〉 상황에 적절한 단어를 사용하여 말한다.				
기대되는 효과	• 스파게티에 관심을 가진다. • 친구와 협력하여 놀이한다. • 생활 속에서 사용하는 기계에 관심을 가진다.				
재료	빨간색 가죽끈, 납작 생고무줄, 의류밴딩 고무줄, 다양한 색의 아이클레이, 종이상자, 폼보드, 투명한 소스통, 꼬마전구, 투명창 상자, 빨간색 셀로판지, 파티용 접시, 양면테이프, 글루건				
제작방법					

1. 인덕션

① 투명창 상자 뚜껑의 투명한 부분에 빨간색 셀로판지를 붙인다. 상자 양옆에는 검은색 반짝이 펠트지를 붙인다.

② 인덕션 도안에 동그랗게 구멍을 낸 후 투명창 상자 뚜껑에 붙인다.

③ 꼬마전구를 ①의 빨간색 셀로판지 아래에 붙여 불빛이 나는 인덕션을 만든다.

2. 냄비

① 알루미늄 그릇 바깥쪽은 검은색 클레이로 감싼다.

② 알루미늄 그릇 안쪽은 검은색 반짝이 펠트지를 붙인다.

③ 주황색 클레이로 냄비 손잡이를 만들어 붙인다.

3. 파스타 재료

① 클레이로 스파게티 버섯, 베이컨, 토마토, 새우 등의 토핑 재료를 만든 후 유광 바니쉬로 두 번 칠해준다. 가죽끈, 납작 생고무줄, 밴딩 고무줄 등의 길이를 잘라서 파스타 면처럼 만든다.

② 재료 상자 뚜껑에 글자를 붙이고 스파게티 일러스트 이미지로 꾸민다.

③ 상자에 폼보드로 칸을 만들어 파스타 면과 재료들을 담을 수 있게 한다.

4. 메뉴판

① 폼보드지에 토마토 스파게티, 해물 스파게티, 베이컨 크림 스파게티, 양송이 크림 스파게티 이미지를 우드락으로 만들어 붙인다.

② 플라스틱으로 된 투명한 소스통에 소스가 들어있는 것처럼 클레이를 안쪽으로 붙여 꾸민다.

활동방법

① 만들고 싶은 스파게티 메뉴를 고른다.

② 스파게티 메뉴를 정했으면 프라이팬에 면을 담는다.

③ 인덕션 전원을 켠다.

④ 스파게티 소스를 넣고 요리한다.

⑤ 토핑재료를 넣어서 요리한다.

⑥ 그릇에 예쁘게 담아서 먹는다.

교구의 전체적인 모습	 오일 파스타  베이컨 양송이 크림 파스타  토마토 파스타  해물 크림 파스타
참고문헌	구글 이미지

6. 어떤 재료가 들어갈까?

생활주제	우리 동네	주제	규칙을 찾아요	연령	5세
교구명	어떤 재료가 들어갈까?	흥미영역	수·조작영역		
교육과정 관련요소	• 자연탐구 〉 생활 속에서 탐구하기 〉 주변에서 반복되는 규칙을 찾는다. • 신체운동·건강 〉 건강하게 생활하기 〉 몸에 좋은 음식에 관심을 가지고 바른 태도로 즐겁게 먹는다. • 의사소통 〉 읽기와 쓰기에 관심 가지기 〉 주변의 상징, 글자 등의 읽기에 관심을 가진다.				
기대되는 효과	• 상징과 글자를 연관 짓고, 글자를 읽고 쓸 수 있다. • 규칙(패턴) 카드에 담긴 규칙을 발견할 수 있다.				
재료	펠트지, 실과 바늘, 솜, 상자, 색지, 글루건				
제작방법	**1. 샌드위치 재료**  • 식빵 : 가로 10cm×세로 13cm×두께 2cm • 달걀 흰자 : 가로 10cm×세로 12cm • 달걀 노른자 : 지름 4cm • 햄, 치즈, 양상추 : 가로 10cm×세로 12cm • 토마토 : 가로 12cm×세로 10cm ① 펠트지를 재료 모양에 따라 각각 오린다. ② 오린 펠트지를 2장씩 겹쳐 바느질을 하고, 가운데 솜을 채워서 넣는다. ③ 달걀은 노른자를 표현하기 위해 노란색 펠트지를 동그란 모양으로 오리고 바느질하여 솜을 채운다. ④ 양상추와 토마토는 펠트지를 오려 단면을 표현해 준다(글루건을 이용하여 부착한다).				

2. 재료 진열대

① 상자를 가로 40cm×세로 28cm×높이 10cm에 맞춰서 진열대의 틀을 만든다.

② 상자로 칸막이 3개를 만들어 총 6개의 칸으로 나눈다(40cm×8cm 1개, 27cm×9cm 2개).

③ 진열대를 색지로 감싸준다.

④ 재료의 이름표를 만들어 칸마다 붙여준다.

⑤ 상자를 가로 40cm×세로 15cm로 자른 후 색지로 감싼다.

⑥ ⑤에서 만든 판에 '샌드위치 만들기' 글씨를 오려 붙여준다.

⑦ ⑥에서 만든 것을 진열대와 붙여서 완성한다.

3. 규칙카드

① 색지를 가로 25cm×세로 12cm로 자른 후 3등분하여 접는다.

② 가운데 부분에 규칙을 만들어서 붙인다.

* 연필꽂이와 같은 통을 구비하여 규칙카드를 보관할 수 있도록 한다.

활동방법	① 여러 개의 규칙 카드 중 하나를 뽑는다. ② 뽑은 규칙 카드를 보고 어떤 규칙이 있는지 찾아본다. ③ 규칙을 발견해 빈칸에 들어갈 재료를 찾았다면 순서에 따라 샌드위치를 만든다.

제5부

교재·교구 소개하기 (모의수업 실행하기)

제11장

교재·교구를 소개하는 모의수업계획안 작성하기

1. 모의수업계획안 작성하기
2. 모의수업 후 자기 성찰지 작성하기

제11장

교재·교구를 소개하는 모의수업계획안 작성하기

1. 모의수업계획안 작성하기

한 번의 모의수업을 실행하는 과정에서 모의수업계획안은 보통 총 3회를 작성하게 된다. 1차 모의수업계획안은 학생이 모의수업을 하기 위해 처음으로 작성하여 지도교수에게 제출하는 것이다. 그리고 1차 모의수업계획안을 협력교수(유아교육현장에 근무하는 분)와 지도교수가 검토하여 수정해야 할 내용을 기재하여 학생에게 돌려주면 학생은 그러한 내용을 반영하여 수정한 2차 모의수업계획안을 교수에게 다시 제출한다. 그리고 이 2차 모의수업안을 기초로 하여 실제 모의수업을 실행하게 된다. 모의수업을 실행한 후에 학생들과 지도교수의 지도조언을 반영하여 수정한 3차 모의수업계획안을 작성하여 교수에게 제출한다. 이때에는 모의수업 계획, 실행, 평가 전 과정에 대한 자기 성찰지도 함께 작성하여 제출한다. 이 과정을 표로 제시하면 다음과 같다.

〈표 11-1〉 모의수업 진행과정에 따른 각 주체의 역할

순 서	학생이 할 일	지도교수가 할 일	협력교수가 할 일
1	모의수업 3주 전까지 1차 모의수업지도안 제출		
2		1차 모의수업지도안을 협력교수에게 메일로 보냄	
3			1차 모의수업지도안을 보고 지도내용을 추가하여 작성함
4		협력교수에게서 메일로 받은 지도내용을 검토하고 지도교수의 지도내용을 추가하여 학생에게 메일로 보냄	
5	지도교수에게서 메일로 받은 지도내용을 반영하여 수정한 2차 모의수업지도안을 작성하여 제출 – 이것으로 모의수업을 준비함(연습하기)		
6	2차 모의수업지도안을 학생 수만큼 복사하여 모의수업 당일 학생들에게 나누어 줌	수업 후 모의수업에 대해서 지도함(구두), 학생들도 토의를 통해 조언함	
7	모의수업 후 3차 모의수업지도안(모의수업 후 지도내용 반영하여 수정한 것)을 제출		
8	자기 성찰지를 작성하여 제출		

모의수업계획안 작성 시 유의할 점은 다음과 같다.

① 수업목표가 분명하게 제시되었는가? (지식, 이해, 태도)
② 교육과정(누리과정) 관련요소가 적절하게 제시되어 있는가?
③ 수업내용의 난이도가 연령의 발달 수준에 적합한가?
④ 도입, 전개, 마무리의 흐름이 자연스럽게 연결되는가?
⑤ 교구를 소개하는 과정이 적절한가?
⑥ 교구를 유아가 직접 사용해 보는 과정이 포함되어 있는가?
⑦ 유아들과 수업을 회상(평가)하는 과정이 포함되어 있는가?
⑧ 다음 수업 또는 활동을 안내하는 과정이 포함되어 있는가?
⑨ 교사-유아의 상호작용이 활발하게 이루어지고 있는가?
⑩ 활동의 유의점, 활동평가, 확장활동이 적절하게 제시되어 있는가?

모의수업을 실행할 때 유의할 점은 다음과 같다.

① 교사의 표정과 음성
② 교수전개방법(흐름)
③ 유아와의 상호작용 기술
④ 수업목표 달성도
⑤ 자료의 충실성

모의수업계획안(모의수업 실행 후 최종 수정한 3차 계획안)

학 번		이름		대상 연령	4세	일시	
생활주제	우리 동네			활동유형	대집단활동	영역	교구 소개하기
주 제	우리 동네 모습			활동명	달콤 카페에 어서 오세요!		
소주제	카페 놀이			e-mail 주소			
목 표	1. 카페에서 파는 메뉴에 대해 이해한다. 2. 카페 놀이에서 메뉴를 사고 파는 등 필요한 역할을 맡아 알맞게 표현한다. 3. 친구들과 즐겁게 카페 놀이에 참여한다.						
누리과정 관련요소	• 신체운동·건강 〉 신체활동 즐기기 〉 신체 움직임을 조절한다. • 의사소통 〉 듣기와 말하기 〉 상황에 적절한 단어를 사용하여 말한다. • 사회관계 〉 사회에 관심 가지기 〉 내가 살고 있는 곳에 대해 궁금한 것을 알아본다. • 사회관계 〉 더불어 생활하기 〉 약속과 규칙의 필요성을 알고 지킨다.						
활동자료	〈카페 놀이 교구〉 1. 디저트를 담은 진열대(마카롱, 초콜릿, 롤케이크) 2. 믹서기 3. 재료 준비대(집게, 접시, 포크, 여러 색깔의 뽕뽕이) 4. 얼음 기계 5. 자몽에이드, 레몬에이드, 청포도에이드						

활동방법

구 분	활동내용	수업자의 자기수업평가
도 입	1. 전날 다녀온 동네 산책과 직접 가본 가게들에 대해 이야기를 나눈다. T : 선생님이 사랑반을 부르면~? C : 네네 선생님! T : (주위를 둘러보며) 사랑반, 모두 잘 앉아 주었어요. 모두 선생님 잘 보이나요? 선생님이 잘 보이면 머리 위로 하트를 그려주세요. (유아들이 머리 위로 하트를 그린다) T : (주위를 둘러보며) 모두 선생님이 잘 보이는 것 같아요. 사랑반에 사랑이 가득 해졌어요. T : 사랑반, 어제 우리가 점심을 먹고 동네 산책을 다녀왔는데 혹시 어떤 것들이 기억에 남나요?	(이 부분은 모의수업을 실행한 다음에 작성하는 부분입니다)

	C : 과일 가게요! / 문구점이요. / 카페요! / 떡볶이 가게요. T : 과일, 문구점, 카페, 떡볶이 가게가 기억에 남는군요. 선생님도 어제 사랑반이랑 동네 산책을 하면서 방금 말했던 가게들이 다 기억에 남아요. 혹시 방금 말한 가게 중에서 사랑반이 직접 가본 가게도 있나요? C : 저는 엄마랑 문구점 가봤어요. 제가 좋아하는 라이언이랑 춘식이 연필 샀어요. C : 주말에 할머니랑 과일 가게 갔어요. 가서 사과랑 감이랑 귤 샀어요. C : 저는 어제 엄마랑 동생이랑 떡볶이 가게 갔어요. 가서 떡볶이도 먹고, 순대도 먹었어요. 진짜 맛있었어요, T : 문구점도 가보고, 과일 가게도 가보고, 떡볶이 가게도 가봤군요. 모두 가본 가게가 많은 것 같아요.	유아들과 전날 동네 산책에 대해 이야기를 나누고, PPT를 통해 산책하면서 본 가게 사진들을 보며 직접 가본 가게에 대해 이야기를 나누는 과정이 연결이 잘 됐던 것 같다.
	T : (카페 사진을 보여주며) 선생님도 어제 사랑반이랑 동네 산책을 하고, 집에 갈 때 들린 가게가 있어요. 여기가 어디일까요? C : 카페요! / 잘 모르겠어요. C : 저 어제 산책하면서 여기 봤어요. C : 마카롱이다! / 초콜릿도 있어. / 음료수도 있다. T : 잘 아는 친구도 있고, 잘 모르는 친구도 있는 것 같아요. 여기는 카페예요. ○○이와 ##이가 말한 것처럼 선생님은 어제 카페에서 마카롱이랑 초콜릿이랑 음료수를 사서 맛있게 먹었어요.	교사의 얼굴과 교사가 직접 간 카페 사진을 통해 유아의 카페에 대한 궁금증과 흥미를 잘 이끌어 냈던 것 같다.

	2. 카페에 가본 경험에 대해 이야기를 나눈다. T : 혹시 사랑반은 카페에 가본 적이 있나요? C : 아니요. C : 저는 엄마랑 아빠랑 언니랑 카페 가봤어요. C : 저도 카페 가보고 싶어요! T : 카페를 가본 친구도 있고, 가보지 않아서 궁금한 친구도 있는 것 같아요. 혹시 카페에 가본 친구들 중에서 카페에서 무엇을 파는지 기억이 나는 친구 있나요? C : 커피요! / 음료수요. / 마카롱이요! / 케이크요. / 초콜릿이요! T : 카페를 가본 친구들은 잘 알고 있는 것 같아요. 사랑반이 말한 것처럼 카페에서는 커피도 팔고, 음료수도 팔고, 마카롱이랑 케이크도 팔고, 초콜릿도 팔아요.	
전 개	3. 카페에서 본 것에 대해 이야기를 나눈다. T : 혹시 카페를 가본 친구들 중에서 카페에 어떤 사람들이 있는지 본 친구들 있나요? C : 음료수랑 마카롱 파는 사장님이요! / 계산해 주는 직원이요! / 음료수 사는 손님이요. / 마카롱 먹는 손님이요! T : 그렇군요. 그러면 음료수랑 마카롱을 파는 사장님이 어떤 말을 했는지 기억이 나는 친구 있나요? C : 어서 오세요. / 주문하시겠어요? / 얼마입니다. / 이것은 초콜릿이에요. T : 기억하는 친구가 많은 것 같아요. 사장님은 손님들에게 어떤 것을 주문하는지 묻고, 카페 메뉴와 가격을 설명해 주지요. 그러면 계산해 주는 직원은 어떤 말을 했는지 기억나는 친구 있나요?	유아들에게 카페에 누가 있었는지, 그 사람들이 어떤 말을 했는지 물어보면서 카페에 필요한 인원과 역할에 대해 유아들이 단계적으로 알 수 있었던 것 같다. 유아가 답을 한 뒤, 교사가 사장님, 직원, 손님의 역할에 대해 다시 정리해 준 것도 좋았다고 생각한다.

	C : 다 해서 얼마입니다. / 드시고 가시나요? / 현금으로 도와드릴까요? 카드로 도와드릴까요? T : 사랑반이 잘 말해주었어요. 계산해 주는 직원은 주문한 메뉴의 가격을 알려주고, 가게에서 먹고 가는지, 현금, 카드로 계산할지 손님에게 물어보지요. 그러면 음료수랑 마카롱을 사는 손님은 어떤 말을 할까요? C : 안녕하세요. / 음료수 한 잔 주세요. / 마카롱이랑 케이크 주세요. / 초콜릿 주세요. / 가게에서 먹고 가요. T : 사랑반에 카페를 잘 알고 있는 친구들이 많은 것 같아요. 음료수랑 마카롱을 사는 손님은 메뉴를 주문하고, 가게에서 먹고 가는지도 말을 하지요. C : 저 마카롱 사는 손님 해보고 싶어요. / 마카롱 주문하려면 돈이 있어야 해! / 나는 사장님 해보고 싶어. / 나는 직원! **4. '달콤 카페에 어서 오세요!' 활동 방법에 대해 알아본다.** T : 손님도 해보고 싶고, 사장님도 해보고 싶고, 직원도 해보고 싶군요. 사랑반이 직접 메뉴를 사고팔고 싶어 할 것 같아서 선생님이 준비한 것이 있어요. (디저트가 담긴 진열대와 음료수를 꺼내며) 무엇이 보이나요? C : 우와! 마카롱이다! / 라이언이랑 춘식이 모양이야. / 죠르디랑 어피치도 있어! / 초콜릿도 있는 것 같아. / 음료수도! / 롤케이크도 보인다. / 서랍도 보여!	계획안에는 손님의 역할을 정리해 준 다음에 유아가 손님, 사장님, 직원을 하고 싶다고 하는 발문을 적어놓았다. 하지만 정작 수업을 할 때는 내가 생각했던 유아의 발문이 나오지 않아 많이 당황했다. 더해서 계획안에 써놓은 발문이 나올 때까지 유아들을 기다리면서 수업에 정적이 흘렀다. 실제 수업은 내가 작성한 계획안과는 다르게 흘러갈 수 있음을 다시 한번 깨달았고, 유아가 다른 발문을 하더라도 적절하게 반응을 해주는 교사의 민첩함이 필요할 것 같다.

	T : 사랑반이 잘 말해주었어요. (진열대를 가리키며) 혹시 이걸로 무엇을 할 수 있을지 생각해 본 친구 있나요? C : 저요! 카페 놀이 할 수 있을 것 같아요. T : ○○이가 잘 말해주었어요. ○○이 고마워요. 사랑반이 직접 카페에서 파는 메뉴들을 알아보고, 역할놀이를 할 수 있도록 카페 놀이를 준비해 봤어요. 그러면 이 놀이는 어떻게 할 수 있을까요? C : 진열대에 있는 메뉴들을 손님한테 팔아요! / 손님은 원하는 메뉴를 돈을 주고 사서 먹어요. T : 모두 잘 말해주었어요. 사랑반이 말한 것처럼 진열대에 있는 메뉴들을 손님들한테 팔고, 손님은 원하는 메뉴를 돈을 주고 사서 먹는 놀이를 할 수 있어요. T : (PPT로 메뉴판 사진을 보여주며) 그러면 여기 메뉴판에는 무슨 그림이 보이나요? C : 마카롱이요! / 초콜릿이요. / 롤케이크요! / 음료수요. T : 모두 잘 말해주었어요. 사랑반이 이야기해 준 것처럼 선생님이 마카롱이랑 초콜릿, 롤케이크, 음료수를 준비해 봤어요. 혹시 메뉴판에 어떤 마카롱이 있는지 말해줄 친구 있나요? C : 저요. 춘식이 마카롱이랑 라이언 마카롱이랑 죠르디 마카롱이랑 어피치 마카롱이요.	메뉴판을 인쇄해서 코팅 후, 융판에 붙였다. 하지만 멀리 있는 유아들에게 메뉴판이 잘 보이지 않아서 아쉬웠다. 친구들의 피드백처럼 메뉴판도 PPT에 소개해서 크게 보이도록 했으면 좋았을 것 같다.

	T : ○○이가 잘 읽어주었어요. ○○이 고마워요. (진열대에서 각각의 마카롱을 꺼내며) ○○이 말처럼 마카롱은 춘식이 마카롱, 라이언 마카롱, 죠르디 마카롱, 어피치 마카롱이 있어요. 요즘 사랑반이 관심있어 하는 카카오프렌즈 캐릭터 모양으로 마카롱을 준비해 봤어요. T : 그러면 초콜릿은 어떤 초콜릿이 있는지 친구들한테 알려주고 싶은 친구 있나요? C : 저요. 스마일 초콜릿, 아몬드 초콜릿, 하트 초콜릿, 화이트 초콜릿이요. T : □□이가 잘 알고 있네요. □□이 고마워요. (진열대에서 각각의 초콜릿을 꺼내서 보여주며) □□이 말처럼 초콜릿은 스마일 초콜릿, 아몬드 초콜릿, 하트 초콜릿, 화이트 초콜릿이 있어요. T : 다음으로 롤케이크는 어떤 롤케이크가 있는지 말해주고 싶은 친구 있나요? C : 저요! 초코 롤케이크, 딸기 롤케이크, 녹차 롤케이크요. T : △△이가 잘 말해주었어요. △△이 고마워요. (진열대에서 각각의 롤케이크를 꺼내서 보여주며) △△이 말처럼 롤케이크는 초코 롤케이크, 딸기 롤케이크, 녹차 롤케이크가 있어요. 마지막으로 음료수는 어떤 음료수가 있는지 이야기해 줄 친구 있나요? C : 저요! 레몬에이드, 자몽에이드, 청포도에이드요. C : 우와! 맛있겠다.	진열대에 있는 메뉴를 소개할 때, 유아가 직접 잘 볼 수 있도록 메뉴를 꺼내서 소개했으면 더욱 좋았을 것 같다.

	T : ◇◇이가 친구들한테 잘 알려주었어요. ◇◇이 고마워요. (각각의 음료수를 보여주며) ◇◇이 말처럼 음료수에는 레몬에이드, 자몽에이드, 청포도에이드가 있어요. 친구들이 메뉴를 잘 알려준 덕분에 사랑반 모두가 카페에서 파는 메뉴에 대해 잘 알게 될 것 같아요.	음료수 같은 경우에는 진열대에 있는 메뉴가 아니기에 교사가 미리 만들어 둔 음료수를 가지고 와서 하나씩 보여주며 소개했으면 더 좋았을 것 같다.
	T : (믹서기, 재료 준비대를 꺼내며) 사랑반이 놀이를 더욱 재미있게 할 수 있도록 선생님이 준비한 것이 더 있어요. 혹시 이것은 무엇일까요? C : 포크랑 접시 있어요! / 집게 있어요. / 뽕뽕이도 있어요! / 컵이요! / 다른 거는 잘 모르겠어요. T : 사랑반이 잘 말해주었어요. (재료 준비대를 가리키며) 여기 포크랑 접시, 집게도 있고, 컵도 있고, 뽕뽕이도 있지요. 이거는 재료 준비대예요. 그러면 여기 포크랑 접시, 집게로 무엇을 할 수 있을까요? C : 집게로 메뉴를 꺼내서 접시에 담아요! T : 모두 잘 알고 있어요. 사랑반이 재료 준비대에서 포크랑 접시, 집게를 꺼내요. 그다음에 집게로 메뉴를 꺼내서 접시에 담을 수 있어요.	믹서기, 재료 준비대를 꺼낼 때 시간이 많이 걸렸다. 친구들이 아닌 실제 유아가 앉아 있었다면 교구를 꺼내는 동안 집중력이 흐트러졌을 것 같다. 친구들의 피드백처럼 교구를 꺼낼 때 시간이 많이 걸린다는 사실을 유아에게 미리 말하여 유아가 집중력을 계속 유지할 수 있도록 했으면 좋았을 것 같다.
	T : 그러면 재료 준비대에 있는 뽕뽕이는 무엇을 만들 때 쓰는 걸까요? C : 음료수요! T : 맞아요. 음료수를 만들 때 뽕뽕이를 사용할 거예요. 여기 뽕뽕이 색깔이 몇 개 있지요?	

C : 3개요!

T : 모두 잘 알고 있어요. 노란색 뽕뽕이는 무슨 음료수를 만들 때 사용하는 걸까요?

C : 레몬에이드요!

T : 맞아요. 그러면 주황색 뽕뽕이는 무슨 음료수일까요?

C : 자몽에이드요!

T : 모두 잘 말해주었어요. 다음으로 초록색 뽕뽕이는 무슨 음료수일까요?

C : 청포도에이드요!

T : 사랑반, 모두 잘 이해하고 있어요. (재료 준비대 옆에 붙어 있는 과일 그림 주머니를 보여주며) 여기 있는 과일 그림은 컵에 뽕뽕이를 담은 다음에, 각 과일 음료수에 맞게 넣으면 돼요.

C : 네!

C : 그러면 재료 준비대 위에 있는 건 뭐예요?

T : ○○이가 좋은 질문을 해주었어요. 이거는 음료수를 만들 수 있는 기계인데, 믹서기라고 불려요. 다 같이 따라 해볼까요?

C : 믹서기~

T : 사랑반, 잘 따라 해줘서 고마워요. 그러면 믹서기에서 음료수를 어떻게 만들 수 있을까요?

C : 뽕뽕이를 믹서기에 넣어요! / 뽕뽕이 넣고 흔들어요. / 잘 모르겠어요.

T : 잘 아는 친구도 있고, 잘 모르는 친구도 있는 것 같아요. ○○이랑 ##이 말처럼 여기 뽕뽕이를 믹서기에 넣고, 흔들면 음료수가 만들어져요.

C : 우와! 신기하다.

교사가 음료수를 만드는 시범을 보이면서 하얀색 뽕뽕이를 실수로 쳐서 바닥에 떨어졌다.

실제 수업에서 그랬다면 떨어진 뽕뽕이로 인해 유아의 집중력이 흐트러지고, 뽕뽕이를 주우면서 수업이 지연되었을 것 같다. 더해서 뽕뽕이로 장난을 치는 유아도 있었을 것 같다.

	T : (얼음 기계를 꺼내며) 다음으로 이것은 무엇일까요? C : 잘 모르겠어요. / 하얀색 뽕뽕이가 있어요. T : 잘 모르겠군요. ○○이 말처럼 하얀색 뽕뽕이가 보이죠? C : 네~ T : 하얀색 뽕뽕이는 얼음이에요. 그리고 하얀색 뽕뽕이가 붙어 있는 상자는 얼음을 만들 수 있는 얼음 기계예요. 그러면 우리 이 얼음 기계로 무엇을 할 수 있을까요? C : 안에 있는 하얀색 뽕뽕이 넣어서 얼음 만들어요! T : 사랑반, 잘 이해했어요. 음료수를 다 만들고, 이 얼음 기계에서 하얀색 뽕뽕이를 꺼내서 얼음을 만들면 돼요. C : 네!	재료를 바닥에 떨어뜨리지 않는 등 교사가 수업에 대해 철저하게 연습(교구를 소개한 뒤 어디에 둘 것인지 위치 파악 등)을 해서 실수를 방지해야 할 것 같다고 느꼈다.
	T : 이제 카페 놀이를 시작해 볼 건데, 시작하기 전에 선생님이 한번 시범을 보여줄게요. 우리 디저트를 접시에 담으려면 어떻게 해야 할까요? C : 집게로 메뉴를 꺼내서 접시에 담아요! (집게로 메뉴를 꺼내서 접시에 담는 시범을 보인다) T : 그러면 음료수는 어떻게 만들 수 있죠? C : 믹서기에 뽕뽕이를 넣고 흔들어요! / 그리고 과일 그림 넣어요. / 얼음도 넣어요! T : 모두 잘 말해주었어요. 믹서기에 뽕뽕이를 넣고 흔든 다음에, 과일 그림과 얼음을 넣어야겠죠?	계획안은 교사가 유아와 함께 카페 교구에 대해 알아보고, 유아가 직접 시범을 보이기 전 교사가 다시 한번 시범을 보여주는 것으로 작성했다. 하지만 실제 수업에서는 교사가 다시 시범을 보이지 않고, 바로 유아가 시범을 보이도록 했다.

	(음료수를 만드는 시범을 보인다) T : 이번에 집게로 메뉴를 꺼내서 접시에 담는 시범을 보일 친구 있나요? C : 저요! T : 손을 높게 든 ##이가 시범을 보여줍시다. 그러면 음료수를 만드는 시범을 보여줄 친구 있나요? C : 저요! T : 자리에 바르게 앉아 있는 ○○이가 음료수를 만드는 시범을 보여줍시다. ##이와 ○○이 앞으로 나와 볼까요? (유아가 시범을 보인다) T : ##이와 ○○이 시범 보여줘서 고마워요. 이제 자리로 돌아가도 좋아요. T : (PPT에 나와 있는 메뉴판을 가리키며) 혹시 마카롱, 초콜릿, 롤케이크, 음료수 그림 아래에 1000원 그림이 몇 개가 보이나요? C : 마카롱이랑 초콜릿은 1개요. / 롤케이크랑 음료수는 2개요. T : 맞아요. 마카롱이랑 초콜릿은 1000원 그림이 1개, 롤케이크랑 음료수는 2개가 그려져 있어요. 아직 돈을 세는 것이 어려운 친구들이 있을 것 같아서 1000원 그림을 붙여 놓았으니 보고 계산하면 돼요. C : 네~ T : (서랍을 꺼내며) 여기 서랍이 보이나요? 서랍에 공간이 몇 개가 있지요?	계획안에 작성한 것처럼 유아가 시범을 보이기 전 교사가 복습하는 의미로 다시 시범을 보여주었으면 더욱 좋았을 것 같다.

	C : 2개요! T : 모두 잘 알고 있어요. (첫 번째 서랍칸을 열며) 첫 번째 서랍칸에는 무엇이 보이나요? C : 1000원이요! T : 모두 잘 말해주었어요. 1000원이 있지요. 이 서랍은 돈을 보관하는 서랍이에요. (두 번째 서랍칸을 열며) 그러면 두 번째 서랍칸에는 무엇이 보이나요? C : 카드요! / 우리 엄마가 저거 써요. / 우리 아빠도요! / 잘 모르겠어요. T : 잘 아는 친구도 있고, 잘 모르는 친구도 있는 것 같아요. 두 번째 서랍칸에는 카드가 들어 있어요. 요즘 물건이나 음식을 살 때 지폐 말고 카드도 많이 써요. 이따가 카페 놀이를 할 때 카드를 쓰고 싶은 친구는 카드를 써도 좋아요. C : 네! T : 아까 카페의 사장님은 어떤 말을 한다고 했지요? C : 어서 오세요. / 주문하시겠어요? / 얼마입니다. / 이것은 초콜릿이에요. T : 모두 잘 기억하고 있어요. 사장님은 '어서 오세요. / 주문하시겠어요? / 얼마입니다. / 이것은 초콜릿이에요.' 등의 말을 한다고 했지요. 그러면 직원은 어떤 말을 한다고 했나요? C : 다 해서 얼마입니다. / 드시고 가시나요? / 현금으로 도와드릴까요? 카드로 도와드릴까요?	앞 친구의 모의수업이 끝나고, 내 모의수업을 준비할 때 급하게 준비하는 바람에 돈 보관함 교구를 자리에서 가지고 오지 못하였다. 그래서 실제 수업에서는 돈 보관함 교구를 소개하지 못하였다. 역할놀이에서 물건을 살 수 있는 도구인 '돈'에 대해 반드시 소개했어야 했는데, 핵심적인 내용을 빠뜨린 것 같아 아쉬웠다. 실제 유아를 상대로 수업을 할 때는 이러한 실수를 하지 않도록 철저히 연습하고, 수업을 준비할 때 빠진 것이 없는지 차근차근 확인하는 과정이 필요할 것 같다고 절실하게 느꼈다.

	T : 사랑반이 잘 말해주었어요. 계산해 주는 직원은 '다 해서 얼마입니다. / 드시고 가시나요? / 현금으로 도와드릴까요? 카드로 도와드릴까요?' 등의 말을 할 수 있다고 했어요. 그러면 음료수랑 마카롱을 사는 손님은 어떤 말을 한다고 했을까요? C : 안녕하세요. / 음료수 한 잔 주세요. / 마카롱이랑 케이크 주세요. / 초콜릿 주세요. / 가게에서 먹고 가요. T : 사랑반, 모두 잘 기억하고 있어요! 손님은 '안녕하세요. / 음료수 한 잔 주세요. / 마카롱이랑 케이크 주세요. / 초콜릿 주세요. / 가게에서 먹고 가요.' 등의 말을 한다고 했지요. 사랑반 모두 카페 놀이에 대해 잘 이해한 것 같아요. T : 혹시 지금까지 선생님이랑 이야기했던 놀이 방법을 친구들에게 시범을 보여줄 친구가 있을까요? 진열대에서 메뉴를 꺼내줄 사장님 한 명, 음료수를 만들어 줄 직원 한 명, 그리고 손님 한 명이 필요해요. C : 저요! 저요! 저요! T : 하고 싶은 친구가 많은데 어떻게 정하는 게 좋을까요? C : 뽑기로 정해요! T : ○○이 말처럼 뽑기로 정해볼까요? 여기 궁금이 상자에서 얼굴이 나온 친구가 시범을 보여줍시다. (뽑기로 정해서 진행한다)	교구를 소개하기 전, 카페에서 본 사람들의 모습과 말에 대해 이야기를 나누어 보았기 때문에 한 번 더 언급하지 않아도 될 것이라고 생각했다. 하지만 유아가 직접 시범을 보이기 전에 교사가 카페에서 본 사람들이 어떤 말을 했는지 다시 정리해 주었으면 좋았을 것 같다는 생각이 들었다.

	5. 놀이에 대한 약속을 정하고, 놀이를 진행한다. T : 사랑반, 시범을 보여준 ○○이와 □□이와 △△이에게 칭찬의 박수 보내줄까요? (유아들이 칭찬의 박수를 보낸다) T : 우리가 이제 카페 놀이를 즐겁고, 안전하게 하기 위해 지켜야 할 약속이 있을 것 같은데, 무슨 약속이 필요할까요? C : 장난치지 않아요. / 규칙을 지키면서 놀이해요. / 시간을 지키면서 놀이해요. / 놀이가 끝난 다음에는 잘 정리해야 해요. T : 장난치지 않고, 규칙을 지키면서 놀이하고, 시간을 지키면서 놀이하고, 마지막으로 놀이가 끝난 다음에는 잘 정리해야겠지요? C : 네~ T : 우리 모두 사장님도 하고, 직원도 하고, 손님도 하려면 사랑반이 말한 약속들을 잘 지켜야 할 것 같아요. 그럼 우리 이제 자유롭게 카페 놀이를 해봐요! 놀이를 하다가 어려운 점이 있으면 선생님이 도와줄게요. C : 네~ / 나는 먼저 손님 해볼래. / 나는 사장님! / 나는 직원 하고 싶어.	
마무리	6. 활동을 회상하고 평가한다. T : 사랑반, 모두 재미있게 놀았나요? C : 네! T : 카페 놀이를 하면서 어떤 점이 기억에 남나요? C : 집게로 라이언 마카롱 꺼내서 접시에 담은 거요. / 자몽에이드 만들어서 손님한테 준 거요. / 아몬드 초콜릿이랑 녹차 롤케이크 산 거요.	

	T : 모두 기억에 남는 게 많은 것 같아요. 사랑반이 즐겁게 놀이를 했던 것 같아서 선생님도 즐거웠어요. 그러면 카페 놀이를 하면서 아쉬웠던 점은 없었나요? C : 메뉴가 많아서 헷갈렸어요. / 음료수 만드는 순서도 헷갈렸어요. T : 메뉴가 많아서 헷갈린 친구도 있고, 음료수 만드는 순서도 헷갈린 친구가 있는 것 같아요. 많이 놀이하다 보면 메뉴랑 순서를 헷갈리지 않고 놀이할 수 있을 거예요. 또 아쉬운 점을 말해줄 친구 있나요? C : 다음에는 직접 메뉴들을 만들어서 팔아보고 싶어요. T : □□이는 진짜 먹을 수 있는 메뉴를 팔아보고 싶었군요. □□이 말처럼 다음에는 직접 메뉴를 만들어 볼 수 있게 선생님이 요리 재료를 준비해 볼게요. 그 다음에 만든 음식을 직접 팔아봅시다. C : 네~ T : 그러면 이 카페 놀이는 어디에 놓는 게 좋을까요? C : 저기 역할놀이에 있는 교구장에 넣어요. T : ○○이가 좋은 의견을 내주었네요. 다른 친구들은 어떻게 생각하나요? C : 좋아요! T : 그러면 선생님이 카페 놀이를 역할놀이 영역에 있는 교구장에 넣어놓을 테니까 가지고 놀고 싶은 친구들은 자유롭게 가지고 놀아도 좋아요. C : 네!	유아가 아쉬운 점을 말하면 교사가 이에 대해 다음에는 어떻게 보완할 것인지 이야기해 주어야 한다. 하지만 실제 수업을 할 때 긴장해서 앞에 말한 유아의 아쉬운 점은 그냥 넘어가고, 마지막으로 말한 유아의 아쉬운 점만 어떻게 보완할지 이야기해서 아쉬웠다.

<table>
<tr><td>활동의 유의점</td><td colspan="6">1. 유아가 설명을 잘 이해할 수 있도록 선생님이 먼저 시범을 보여주고, 그 다음 유아가 직접 시범을 보일 수 있도록 한다.
2. 대집단으로 진행되는 점을 고려하여 모든 유아에게 잘 보이도록 조정한다.
3. 유아의 놀이를 민감하게 관찰하며, 상황에 맞게 적절히 지원한다.</td></tr>
<tr><td>활동평가</td><td colspan="6">1. 유아와 상호작용하며 카페에서 파는 메뉴에 대해 잘 이해했는지 평가한다.
2. 역할놀이에서 적절한 역할과 상호작용을 수행했는지 평가한다.
3. 약속을 지키며 친구들과 즐겁게 놀이했는지 평가한다.</td></tr>
<tr><td>확장활동</td><td colspan="6">1. 다른 가게 놀이와 연계하거나 전체 시장 놀이로 확장한다.
2. 실제 재료로 마카롱, 초콜릿, 롤케이크, 음료수를 만들어 보는 요리 활동으로 확장하고, 직접 사고파는 놀이를 해본다.</td></tr>
<tr><td rowspan="2">협력교수 지도내용</td><td>협력교수자 이름</td><td></td><td>소속 및 직위</td><td></td><td>지도 일시</td><td>년 월 일</td></tr>
<tr><td colspan="6">1. 전체적으로 문장 살펴보기
1) 오탈자 확인
2) 중간에 축약된 단어 사용 자제 및 표준어 사용 등 살펴보기
3) 교사의 발문 중 '~~주었네요.' → '~~해주었어요'로 정정
2. 전개 3번 활동방법을 제시하는 과정 수정하기
– 교사 주도 활동이 너무 강함. 유아가 주도하는 발문으로 변경
3. 전개 4번 놀이방법 제시 중 일부 내용 수정
– 시범 보일 때 유아에게 어떻게 하면 좋을지 이야기 나눈 후 교사가 개입해도 좋을 듯
– 금액의 단위가 유아들 수준에서 높아 단위를 줄이는 것이 어떨까?
4. 활동 평가는 목표와 연관지어 작성하는 것이 더 바람직함</td></tr>
</table>

<table>
<tr><td></td><td>지도교수 이름</td><td></td><td>소속 및 직위</td><td></td><td>지도 일시</td><td>년 월 일</td></tr>
<tr><td>지도교수 지도내용</td><td colspan="6">1. 전체적으로 수업안을 충실하게 작성하셨네요(교구의 완성도가 우수합니다).
2. 메뉴판에서도 가격을 1000원권을 이용해서 제시하고 있으므로 5000원권에 대한 내용은 삭제하는 것이 좋겠어요(협력교수의 지도내용을 고려하였습니다).
3. 놀이방법을 소개할 때 유아중심적인 상호작용이 될 수 있도록 수정해 보세요.
4. 활동평가는 일반적인 내용보다 좀 더 활동목표에 관련된 내용으로 수정해 보세요.
5. 학생들에게 수업안(종이)을 나누어 줄 때는 협력교수 지도내용과 지도교수 지도내용은 삭제하고 복사해 주세요.
6. 4세 수업으로는 목소리가 빨랐고, 발음이 명료하지 않아서 전달력이 좋지 않았습니다. 천천히 수업해야 4세 아이들에게 잘 들릴 수 있을 것 같아요. 오늘 수업은 5세에 가까웠습니다.
7. 수업을 할 때는 재미있고 신나는 연출과 부드럽고 밝은 표정, 예능하는 목소리가 필요합니다. 재미있고 흥이 있는 수업, 대다수가 좋게 보는 수업이 될 수 있도록 노력을 많이 해야 해요.</td></tr>
</table>

2. 모의수업 후 자기 성찰지 작성하기

모의수업을 실행한 후에는 모의수업 계획, 실행, 평가의 전 과정을 반성해 보기 위해 자기 성찰지를 작성하여 지도교수에게 제출한다. 자기 성찰지의 예는 다음과 같다.

학번(　　　　　) 이름(　　　　　)

영 역	내용(분량은 자유입니다)
① 모의수업 전에 협력교수의 지도내용	1. 전체적으로 문장 살펴보기 1) 오탈자 확인 2) 중간에 축약된 단어 사용 자제 및 표준어 사용 등 살펴보기 3) 교사의 발문 중 '~~주었네요.' → '~~해주었어요'로 정정 2. 전개 3번 활동방법을 제시하는 과정 수정하기 - 교사 주도 활동이 너무 강함. 유아가 주도하는 발문으로 변경 3. 전개 4번 놀이방법 제시 중 일부 내용 수정 - 시범 보일 때 유아에게 어떻게 하면 좋을지 이야기 나눈 후 교사가 개입해도 좋을 듯 - 금액의 단위가 유아들 수준에서 높아 단위를 줄이는 것이 어떨까? 4. 활동 평가는 목표와 연관지어 작성하는 것이 더 바람직함
② 모의수업 전에 지도교수의 지도내용	1. 전체적으로 수업안을 충실하게 작성하셨네요(교구의 완성도가 우수합니다). 2. 메뉴판에서도 가격을 1000원권을 이용해서 제시하고 있으므로 5000원권에 대한 내용은 삭제하는 것이 좋겠어요(협력교수의 지도내용을 고려하였습니다). 3. 놀이방법을 소개할 때 유아중심적인 상호작용이 될 수 있도록 수정해 보세요. 4. 활동평가는 일반적인 내용보다 좀 더 활동목표에 관련된 내용으로 수정해 보세요.

③ 모의수업 후에 학생들의 토의내용(조언)	1. 진열대에 있는 메뉴를 소개할 때 메뉴를 직접 꺼내서 유아들에게 보여주며 소개했으면 더욱 좋았을 것 같다. 2. 교사가 교구를 꺼낼 때 시간이 많이 걸렸는데, 유아에게 이 점에 대해 미리 말해주면 더욱 좋았을 것 같다. 3. 교사가 긴장을 많이 한 것 같은데 자신감 있게 수업을 했으면 좋았을 것 같다.
④ 모의수업 후에 지도교수의 지도내용	1. 4세 수업으로는 목소리가 빨랐고, 발음이 명료하지 않아서 전달력이 좋지 않았습니다. 천천히 수업해야 4세 아이들에게 잘 들릴 수 있을 것 같아요. 오늘 수업은 5세에 가까웠습니다. 2. 수업을 할 때는 재미있고 신나는 연출과 예능하는 목소리가 필요합니다. 재미있고 흥이 있는 수업, 대다수가 좋게 보는 수업이 될 수 있도록 노력을 많이 해야 해요. 3. 교사가 지금보다 더 부드럽고 밝은 표정을 지어야 해요.
⑤ 모의수업을 준비하고 실제 수업하고 지도받으며 이루어진 본인의 성장과 발전 등이 포함된 내용	모의수업을 준비하면서 '어떻게 하면 유아가 이끌어 가는 수업이 될 수 있을까?' 많이 생각하고, 고민했던 것 같다. 교사가 교구를 소개하는 것이 주목적인 수업이어서 자칫하면 교사 주도적인 수업으로 흘러갈까 봐 걱정을 많이 했다. 교사와 유아의 자연스러운 상호작용을 바탕으로 유아 주도적인 수업을 만들어 가기 위해 많이 고민해 보는 시간이 필요하다고 느꼈다. 그렇게 고민해서 만든 계획안을 협력교수님과 지도교수님의 피드백을 받고, 부족한 점을 보완할 수 있었다. 교수님들께서 내가 놓친 부분을 이것저것 알려주셔서 정말 감사했다. 유아가 주도하는 발문, 교사의 맞춤법과 표준어 사용, 활동 목표와 이어지는 활동 평가, 금액의 단위가 크다는 점 등 피드백을 통해 유아를 위한 수업이 무엇인지 자세하게 알 수 있었다. 교사의 사소한 말과 행동이 유아가 스스로 생각해 볼 수 있도록 기회를 준다는 사실을 다시 한번 깨닫게 되었다. 모의수업을 하면서 가장 크게 느꼈던 것은 '교사는 어떤 자세로 수업에 임해야 하는가?'였다. 이번 교구 소개하기 모의수업을 포함하여 여러 모의수업을 하면서 느꼈던 사실은 스스로가 긴장을 많이 하는 스타일이라는 것이었다. 긴장을 많이 하니까 머리가 새하얗게 변해서 연습한 것의 반도 보여주지 못하는 것 같아 항상 아쉬움을 느꼈다. 이번 수업도 마찬가지였다. 내가 짠 수업의 틀을 이어가기 위해 수업을 하면서 계속 다음 내용을 생각하고 있으니 편하게 수업하지 못하고, 경직된 상태로 수업을 했던 것 같다. 경직된 상

태로 수업을 하니 표정도 웃지 않고, 빠르게 수업을 진행했다. 유아를 위한 수업이 아니라 '어떻게든 끝내야 하는 수업'이 되었던 것 같아 스스로 너무 아쉬웠고, 철저하고 많은 연습이 필요하다고 생각했다. 먼저 긴장을 푸는 스스로만의 방법을 찾고, '다음 내용을 생각하는 수업'보다 '자연스럽게 다음 내용이 생각나는 수업'이 될 수 있도록 교사가 유아와 자연스러운 상호작용을 만들어 갈 수 있도록 많은 노력을 해야겠다고 느꼈다. 실제로 현장에 가면 생각했던 것처럼 수업이 이루어지지 않기 때문에 여러 가지 상황을 고려해서 수업이 이루어질 수 있음을 명심해야겠다고 생각했다.

친구들의 피드백을 통해 수업에 있어 보완해야 할 점들을 알게 되었다. 진열대에서 메뉴를 꺼내서 하나씩 보여주며 소개하는 것과, 유아가 모두 잘 볼 수 있도록 메뉴판을 PPT에 소개하는 것, 교구를 꺼낼 때 시간이 많이 걸리기 때문에 이 점을 미리 유아에게 말해서 유아의 집중력이 흐트러지지 않게 하는 것 등을 새롭게 알게 되었다. 친구들의 피드백을 바탕으로 수업 내용을 개선하면 수업의 질이 향상될 것 같다고 생각했다.

교수님의 피드백을 통해 교사가 수업에 임하는 자세에 대해 배울 수 있었다. 발음을 명료하게 해서 전달력을 높이고, 연령별 유아의 특성을 고려해서 천천히 수업을 진행해야 한다는 점을 새롭게 알게 되었다. 교사의 밝은 표정은 호감을 부르고, 재미있고 신나는 연출과 교사의 예능하는 목소리는 수업에 있어 흥미를 이끌어 낸다는 사실을 다시 한번 깨닫게 되었다. 그래서 수업을 재미있고, 흥이 있는 수업이 될 수 있도록 교사가 많은 노력을 해야 하고, 대다수가 좋게 보는 수업이 될 수 있도록 교사가 많이 고민하고 연구해야겠다고 생각했다.

교수님과 학생들의 피드백을 통해 '아직 배워야 할 것이 정말 많구나'라고 느꼈다. 이번 모의수업을 통해 유아를 위한 수업은 무엇일지 깊게 생각해 보는 사고를 가지게 되었다. 더해서 교사와 유아의 자연스러운 상호작용을 통해 수업이 이루어지는 것이 정말 중요하다는 것을 깨닫게 되었다. 다음에는 이번 수업에 있어 부족한 점을 보완하여 발전된 수업을 하고 싶고, 유아와의 자연스러운 상호작용과 전반적인 수업의 질 향상에 대해 연구하고 열심히 노력하는 교사가 되고 싶다.

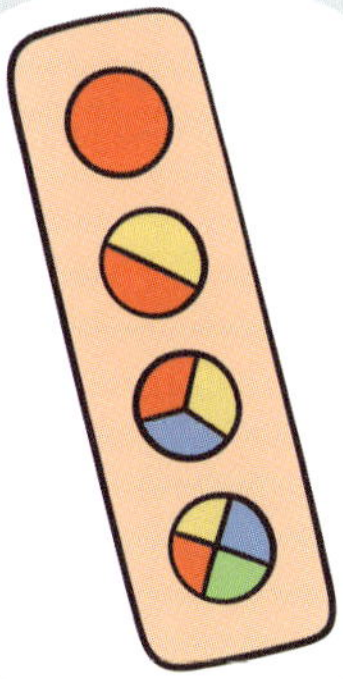

부록

부록 1

연령별 우수 교재·교구 모음

1. 3세아 교재·교구 모음

① 나는 누구일까요?

[활동방법]

1. 하늘과 바다, 육지에 사는 동물들에 대해 말해본다.
2. 숨어있는 동물 친구들을 보며 누구일지 추측하며 이야기 나누어 본다.
3. 뚜껑을 열어 숨어있는 동물 친구들이 누구인지 확인한다.
4. 하늘과 바다, 육지에 사는 다른 동물들은 또 무엇이 있을지 이야기 나눈다.

② 다람쥐의 겨울나기

[활동방법]

1. 가위바위보를 통해 주사위를 굴리는 순서를 정한다.
2. 주사위에 나온 숫자만큼 밤 또는 도토리를 다람쥐 통에 넣는다.
3. 쟁반에 모든 밤과 도토리가 없을 시 서로의 다람쥐 통에 있는 밤과 도토리의 개수를 센다.
4. 더 많은 밤과 도토리를 가진 사람이 승리한다.

③ 던져라 나와라 채워라

[활동방법]

1. 패턴지에 있는 패턴을 보고 물음표에 들어갈 것 같은 동전을 찾아본다.
2. 주사위를 던지고 나오는 동전의 순서대로 동전을 채우고 나열해 본다.

④ 맛있는 꼬치를 만들어요

[활동방법]

- 자유롭게 꼬치구이 가게 역할놀이를 하며, 꼬치를 스스로 만들고 친구와 나누어 먹는다.

⑤ 샌드위치 도시락을 만들어요

[활동방법]

1. 도시락 통에 자신이 원하는 음식들을 담아 도시락을 싼다.
2. 친구들과 즐겁게 소풍 놀이를 한다.

6 생일케이크를 만들어요

[활동방법]

1. 활동 상자에서 케이크 시트와 재료 상자를 꺼낸다.
2. 재료들을 사용하여, 자유롭게 케이크를 장식하며 놀이한다.
3. 활동이 끝난 후 상자에 넣어 정리한다.

7 채소의 여행

[활동방법]

1. 첫 번째 장에서 씨앗을 뿌리고 물을 주어 채소를 키운다.
2. 두 번째 장에서 뿌리채소와 열매채소를 수확한다.
3. 세 번째 장의 바구니에 수확한 채소를 담는다.
4. 네 번째 장에서 채소들의 입을 떼고 양념통과 국자로 채소를 요리한다.
5. 다섯 번째 장에서 식탁에 요리를 차려서 맛있게 먹는다.
6. 여섯 번째 장에서 만족해하는 아이의 얼굴을 보고 채소들을 상상한다.

8 탈것 주사위

[활동방법]

- 자유롭게 큐브를 돌려가면서 탈것의 그림을 관찰하고 알맞은 명칭을 말하며 놀이한다.

9 표정을 만들어요

[활동방법]

1. 선택한 주사위를 굴린 후, '표정을 만들어요' 상자의 막대를 주사위에 나온 것과 똑같이 돌려놓는다.
2. 돌려놓은 막대(주사위를 굴려 나온 것)에 맞게 나머지 두 막대도 돌려가며 알맞은 것을 찾는다.
3. 상자 뒷면에 있는 거울종이를 보며 각 감정을 느낄 때 자신은 어떤 표정일지 상상해 보고, 표정을 지어보고, 관찰해 본다.

10 과일 음악회

[활동방법]

1. 과일 악기를 탐색해 보며 과일의 이름과 겉과 속 그리고 악기를 자연스럽게 익힌다.
2. 악기를 자유롭게 연주해 본다.
3. 친구들과 함께 합주해 본다.

11 과일 크레페

[활동방법]

1. 손님은 주문서를 보고 크레페를 주문한다.
2. 직원은 주문서의 순서대로 손님이 주문한 크레페를 만든다.
3. 크레페를 사고 팔며 크레페 가게 놀이를 한다.

12 내가 키워서 내가 먹어요

[활동방법]

- 동화책을 넘기면서 씨앗을 심고 물을 주며 수확을 해서 요리해 먹는 과정을 실연해 본다.

13 동물들의 생일잔치

[활동방법]

1. 가위바위보를 진행하고 주사위를 굴릴 사람을 정한다.
2. 정해진 유아가 굴려서 나온 동물이 생일을 맞이하게 된다.
3. 생일을 맞이한 동물 친구가 친구들을 생일잔치에 초대한다.

14 동물이 몇 마리?

[활동방법]

1. 1번 페이지 : 개구리의 입을 열어, 파리를 잡아당기는 조작활동을 한다.
2. 2번 페이지 : 2개의 애벌레를 혼자, 혹은 친구와 같이 사과에 있는 두 개의 구멍에 통과시킨다.
3. 1~6번 페이지까지 각 페이지마다 동물들의 숫자를 세어 알맞은 숫자를 붙인다.

15 맛있는 음식을 만들어요

[활동방법]

1. 냉장고를 열어 무슨 음식이 있는지 알아본다.
2. 오븐과 인덕션이 어떤 기능이 있는 기구인지 이야기한다.
3. 식기구에는 어떤 기능을 하는 것들이 있는지 이야기한다.
4. 인덕션과 오븐을 이용해 음식을 요리하며 먹는 역할놀이를 즐겁게 한다.

16 아이스크림 가게 놀이

[활동방법]

1. 가게주인과 손님 역할을 정한다.
2. 메뉴판을 보고 맛과 종류(콘, 컵, 바)를 고른다.
3. 콘과 컵에 아이스크림을 올려 담는다.
4. 아이스크림 가게 놀이를 한다.
5. 놀이 후 아이스크림과 콘, 컵, 메뉴판을 보관함에 담아 정리한다.

17 알알이 쏘옥 과일을 채워요

[활동방법]

1. 과일판을 과일별로 하나씩 나누어 가진다.
2. 주사위를 굴려 숫자가 나온 만큼의 알을 과일 판에 놓는다.
3. 과일판에 뽕뽕이를 놓을 때는 손을 쓸 수 없으며 준비된 젓가락만을 이용해 올려놓는다.
4. 과일판에 뽕뽕이를 먼저 다 채운 팀이 승리한다.

18 윙윙 파리를 잡아요

[활동방법]

1. 유아들이 가위바위보를 통해 순서를 정한다.
2. 가위바위보에 이긴 유아가 주사위를 굴린다.
3. 주사위 숫자만큼 파리를 잡아간다.
4. 활동판에 파리를 먼저 채우는 유아가 승리한다.

19 감각 주사위

[활동방법]

1. 하마 입에 음식 넣어주기
2. 곰에게 단추 옷 입혀주기
3. 거미줄 연결하기
4. 무당벌레 무늬 붙이기
5. 색깔 애벌레
6. 강아지 리본 묶기

20 냉장고를 정리해요

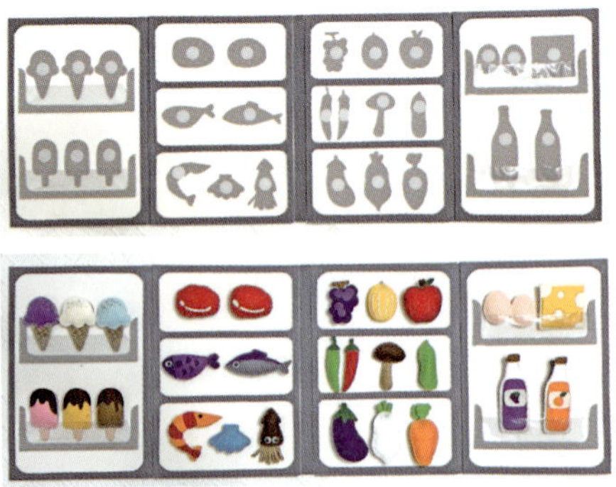

[활동방법]

1. 교구바구니 안에 있는 음식을 탐색한다(음식 눈으로 보기, 음식 만져보기).
2. 냉장고를 탐색한다(냉장고 문 여닫아보기, 그림자 모양 보기).
3. 교구바구니 안의 음식을 그림자 모양에 맞게 냉장고에 붙인다.

21 동물 볼링놀이

[활동방법]

1. 교사가 볼링에 대해 소개한다.
2. 유아가 볼링을 직접 만져보고 탐색해 본다.
3. 교사가 직접 공을 굴려 시범을 보여준다.
4. 아이들이 직접 공을 굴려 핀을 맞혀보도록 한다.

22 맛있는 피자를 만들어요

[활동방법]

- 피자가게 역할 놀이를 하며, 피자를 스스로 꾸미고 친구와 나누어 먹는다.

23 봄소풍을 가요

[활동방법]

1. 카메라를 이용해 사진을 찍고, 도시락 통(음식)과 포크를 이용해 소풍에서 밥을 먹는 상황극을 한다.
2. 이때 소풍 간 경험을 떠올려 상황극을 진행할 수 있도록 한다.

24 어느 계절일까요?

[활동방법]

- 봄, 여름, 가을, 겨울에 해당하는 물체를 선택하여 삼각기둥에 붙여본다.

25 외출준비를 해요

[활동방법]

- 책에 제시되어 있는 리본, 벨크로, 단추, 지퍼, 벨트, 똑딱이, 토글단추, 운동화끈을 만져보고 조작하면서 다양한 물체에 관심을 가지고 조작하는 능력을 익힌다.

26 짝을 맞춰보아요

[활동방법]

- 퍼즐판의 무늬를 보고 그에 맞는 동물 퍼즐과 짝을 짓는 활동을 한다.

27 무슨 동물일까?

[활동방법]

1. 동물 퍼즐 입방체를 돌려가며 동물 그림을 맞춘다. 동물 그림을 맞추고 동물 이름을 말해보고 맞춘 그림의 동물소리나 동작을 흉내 내본다.
2. 퍼즐 입방체를 가지고 블록 쌓기 놀이로 활용할 수 있다.

2. 4세아 교재·교구 모음

1 가을 과일을 찾아보아요

[활동방법]

1. 준비되어 있는 돋보기를 낱말 판에 가져다 댄다.
2. 돋보기를 통해 과일 낱말을 발견할 경우 이에 해당하는 과일을 하나씩 가져간다.
3. 과일들을 다 찾았다면 가을에 나는 과일들을 분류하여 주머니에 담아본다.
4. 가장 많은 가을 과일을 가져간 친구가 이긴다.

2 단어 눈사람을 만들어요

[활동방법]

1. 그림 주사위와 단어 주사위를 던진다.
2. 던져서 짝이 맞으면 주사위에서 얼굴과 단어를 떼어 활동 판에 붙인다. 짝이 맞지 않으면 가져가지 못한다.
3. 단어를 더 많이 만든 친구가 이기는 게임이다.

3 몬스터를 잡아라

[활동방법]

1. 밧줄을 던져 할로윈데이에 등장한 몬스터를 잡는다(고리 던지기 게임).
2. 몬스터의 위치/ 거리에 따라 난이도가 달라진다.
3. 유아들이 의견을 수렴하며 상황에 따라 다양한 방법으로 게임한다.

4 병아리와 빙고게임

[활동방법]

1. 매 판마다 초록 주사위를 던져 순서를 정하고, 분홍 주사위를 던져 놓을 개수를 정한다.
2. 먼저 한 줄을 완성하는 쪽이 승리한다.

5 어떤 옷을 입을까?

[활동방법]

1. 옷장에 있는 옷을 보며 날씨를 추측해 본다.
2. 옷장에서 알맞은 옷을 꺼내 날씨와 상황에 맞게 입히며 날씨에 관심을 가진다.
3. (확장) 미술영역에서 원하는 옷이나 액세서리 등을 종이에 그려 함께 활동할 수 있다.

6 여러 종류의 떡 모으기

[활동방법]

1. 떡을 담을 작은 그릇을 한 개씩 나누어 갖는다.
2. 돌림판을 돌리고 주사위를 던진다.
3. 나온 떡의 종류와 개수에 맞게 떡을 자신의 그릇에 가져간다.
4. 채반 안의 떡이 모두 사라지면 가장 많은 떡을 모은 유아가 이긴다.

7 우리 동네 카페에 오세요

[활동방법]

1. 손님이 되어 메뉴판을 보고 먹고 싶은 다양한 음료를 주문한다.
2. 카페 사장님과 직원이 되어 커피머신으로 음료를 만든다.
3. 지폐와 카드를 사용해 사고 판다.

8 즐거운 도넛 게임

[활동방법]

1. 두 명의 유아가 집게와 바구니를 하나씩 나누어 갖고, 도넛 상자는 가운데에 놓는다.
2. 주사위 수대로 도넛을 집어 자신의 바구니에 옮겨 담는다. 번갈아 가며 진행한다.
3. 바구니 안에 담긴 도넛의 수를 비교하고, 더 많이 모은 유아가 승리한다.

9 치카치카 양치게임

[활동방법]

1. 주사위가 '검정'으로 나온 경우 동물 친구의 입을 열어 검정색 세균을 칫솔로 제거해 준다.
2. 제거한 세균은 옆면에 있는 세균 보관함에 붙여준다.
3. 주사위를 굴려 제일 먼저 이빨을 깨끗하게 만든 팀이 우승한다.

10 행운의 꿀벌들과 함께

[활동방법]

1. 페트병 꿀벌 인형으로 극놀이를 시연해 본다.
2. 친구와 함께 페트병 인형의 크기, 길이, 패턴 등을 비교해 본다.
3. 페트병 인형이 몇 개 있는지 세어본다.

11 휴게소 놀이를 해요

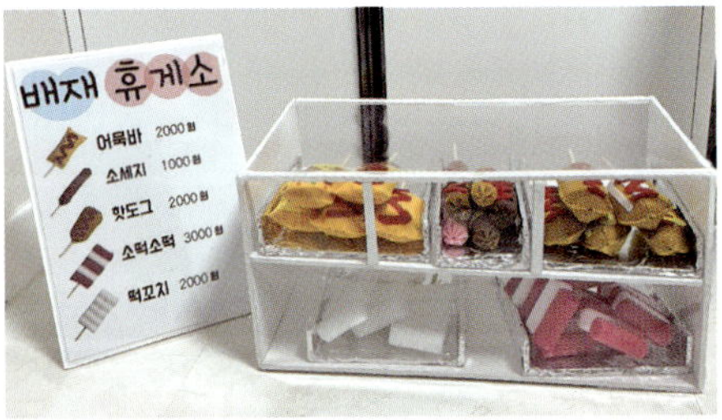

[활동방법]

- 핫도그, 어묵바, 소시지, 소떡소떡, 떡꼬치를 이용하여 자유롭게 휴게소 놀이를 한다.

12 고향만두가게

[활동방법]

1. 자신이 혹은 손님이 원하는 만두를 메뉴판을 보고 정한다.
2. 위층 서랍에서 만두피를 집게로 집어서 꺼내고 만두 속을 숟가락으로 퍼서 넣는다.
3. 각 만두에 맞는 소를 넣고 만두 끝부분의 벨크로 부분을 잘 붙여 빚는다.
4. 뚜껑을 덮고 만두를 찐 후 시간이 지나면 서랍 아래층의 접시를 꺼내 만두를 담는다.

13 구름 꽃집

[활동방법]

1. 손님과 꽃 가게 주인 역할을 정한다.
2. 돈을 나누어 갖는다.
3. 손님 역할을 맡은 친구가 원하는 꽃과 포장지를 고른다.
4. 꽃 가게 주인 역할을 맡은 친구가 꽃을 포장하고 판매한다.

14 농부가 되어 보아요

[활동방법]

1. 숫자 주사위를 던진다.
2. 주사위를 돌려 나온 과일을 나온 수만큼 수확해 바구니에 담는다.
3. 과수원에 있는 과일을 다 수확하면 바구니에 있는 과일의 수를 세어본다.

15 무슨 표정일까요?

[활동방법]

1. 돌림판을 돌린다.
2. 돌려서 나온 눈썹, 눈, 코, 입을 얼굴판에 붙인다.
3. 만들어진 표정이 어떨 때 지을 수 있는 표정인지 생각하고 이야기한다.
4. 거울을 보며 만들어진 표정을 따라 해본다.

16 토끼 빙고

[활동방법]

1. 가위바위보 주사위를 굴려 이긴 유아가 먼저 당근 주사위를 굴릴 수 있게 한다.
2. 당근 주사위로 나온 개수만큼 자신의 토끼를 5×5 초록 계란판에 둔다.
3. 먼저 자신의 색깔에 맞는 토끼를 한 줄 빙고 완성시키는 팀이 이긴다.

17 이 과일의 색은?

[활동방법]

1. 과일가게에서 주사위에 나온 색의 과일을 찾아 자신의 장바구니에 넣는다.
2. 과일가게의 과일이 다 사라질 때까지 게임을 진행한다.
3. 과일가게의 과일이 다 사라지면 장바구니에 든 과일을 세고, 과일이 더 많은 사람이 승리한다.

18 초밥 가게

[활동방법]

1 지갑에서 돈을 꺼내 메뉴판에 따라 알맞은 가격의 돈을 주며 초밥을 주문한다.
2. 가게 주인은 흰 밥과 재료를 이용해 초밥을 만든다.
3. 도마 위에 만든 초밥들을 올려 놓는다.
4. 젓가락을 이용해 먹는 역할놀이를 한다.

19 나는 무슨 색일까?

[활동방법]

1. '알록달록 과일과 채소' 패턴 북을 보고 패턴을 선택한다.
2. 섞여 있는 카드상자 속에서 패턴에 맞는 색이 없는 과일, 채소 카드를 찾는다.
3. 찾은 카드는 과일,채소의 색에 맞는 PVC필름을 카드에 끼워 넣어준다.

20 도넛가게

[활동방법]

- 도넛사진을 보면서 준비된 토핑 재료로 직접 도넛을 장식하고 판매해 본다.

21 동물음악 연주회

[활동방법]

- 악기를 다양한 방법으로 연주해 본다.

22 따끈따끈 분식

[활동방법]

1. 가게주인 역할과 손님 역할을 나누어 놀이를 한다.
2. 손님이 주문을 하면 주인 역할을 맡은 유아는 손님이 주문한 음식을 그릇에 담아준다.
3. 손님이 돈을 주면 주인은 알맞은 거스름돈을 준다.

23 뚝딱뚝딱 공구세트

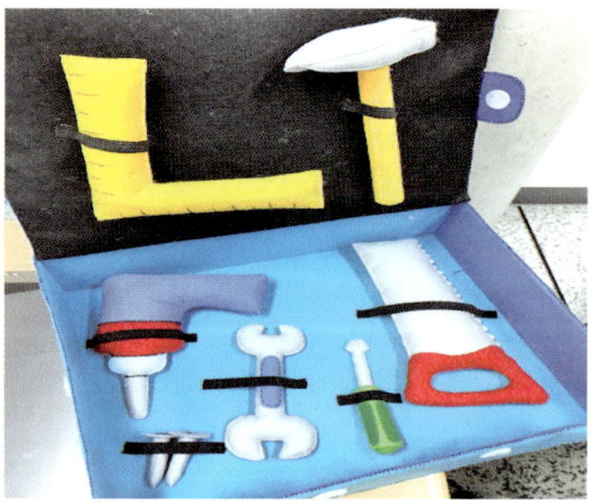

[활동방법]

1. 역할영역에서 공구를 활용하여 놀이를 한다.
2. 혼자 혹은 친구와 같이 놀이한다.

24 무당벌레 숫자놀이

[활동방법]

1. 주사위를 던져 나오는 점 개수를 확인한다.
2. 주사위의 점 개수에 해당하는 점 무늬 개수가 있는 무당벌레를 찾아, 바구니에 넣는다.
3. 날개 속의 숫자를 예상해 보고 날개를 열어 숫자를 확인한다.
4. 친구와 함께 자신이 바구니 속에 넣은 무당벌레의 개수를 세어본다. 개수가 많은 사람이 이긴다.

25 빵가게 놀이

[활동방법]

- 자유롭게 빵 가게 놀이를 한다

26 숲속을 깨끗이 깨끗이

[활동방법]

1. 순서대로 돌림판을 돌려 나오는 재활용 마크에 해당하는 쓰레기를 집게로 주워 해당하는 분리수거 차에 넣는다(어려울 경우 힌트 책을 본다).
2. 쓰레기를 주운 자리에 자기 나무를 한 그루 심는다.
3. 번갈아 가면서 게임을 진행하며 먼저 나무를 심는 팀이 이긴다.

27 과일가게

[활동방법]

- 가게 주인과 손님으로 나누어 친구와 함께 역할놀이를 한다.

3. 5세아 교재·교구 모음

1 분리 수거를 해요

[활동방법]

1. 주사위에 나온 수만큼 말을 이동한다.
2. 도착한 칸의 색깔과 같은 색의 분리수거함에 들어갈 재활용품을 바구니에서 하나 골라 넣는다.
3. 재활용품을 더 많이 모은 사람이 이긴다.

2 빵가게 놀이

[활동방법]

- 주인과 손님을 나누어 정하고 자유롭게 역할극을 한다.

3 오리들의 집을 만들어요

[활동방법]

1. 색 삼각 주사위를 굴려 자신이 채워야 할 오리 집 색을 결정한다.
2. 원하는 오리 말을 고른 후 보드판의 출발선에 놓는다.
3. 반구 주사위를 굴려 나오는 숫자만큼 이동한다.
4. 오리 말이 간 곳에 있는 색과 모양을 보고 스티로폼 공을 가져가 자신의 오리집 판에 채운다.

4 재미있는 칠교놀이

[활동방법]

1. 도형을 사용하여 그림에 맞게 붙여본다.
2. 도형을 사용하여 자유롭게 표현해 본다.

5 캠핑을 가요

[활동방법]

- 꼬치 재료를 꼬챙이에 꽂아서 불판 위에 올려 놓고 캠핑 놀이를 한다.

6 채소 가게로 오세요

[활동방법]

1. 유아들이 역할 분담을 하여 채소가게 주인과 손님을 정한다.
2. 손님이 필요한 채소를 고르면 주인은 집게로 비닐봉지에 손님이 말한 채소를 집어 담아주고, 금액을 알려준다.
3. 손님은 알맞은 금액을 내고, 주인은 돈이 일치하는지 확인한다.

7 아이스크림은 모두 몇 개?

[활동방법]

1. 가위바위보를 하여 순서를 정한다.
2. 주사위를 굴려 나온 아이스크림 모양을 스쿱으로 퍼서 자신의 컵에 가져간다.
3. 아이스크림을 서랍에서 다 가져가면 게임이 종료된다.

8 과일 꼬치를 만들어요

[활동방법]

1. 제시된 패턴카드(3개) 중 하나를 골라 한 명씩 주사위를 던져 과일 꼬치를 만든다.
2. 비어 있는 패턴카드에 과일카드로 자유롭게 패턴을 만들어 본다.

9 비빔밥 만들기

[활동방법]

1. 자신이 넣고 싶은 재료들을 넣어 나만의 비빔밥을 만들어 본다.
2. 상황에 맞는 말을 사용하여 역할놀이를 한다.

10 산타의 선물 모으기

[활동방법]

1. 2명의 친구가 모여 각자 말을 정하고 선물 꾸러미를 나누어 가진다.
2. 주사위를 굴려 나온 눈에 따라서 산타 말을 움직인다.
3. 말이 도착한 곳에 해당하는 선물을 선물 주머니에 넣어 보관한다.

11 우리 동네 생선 가게

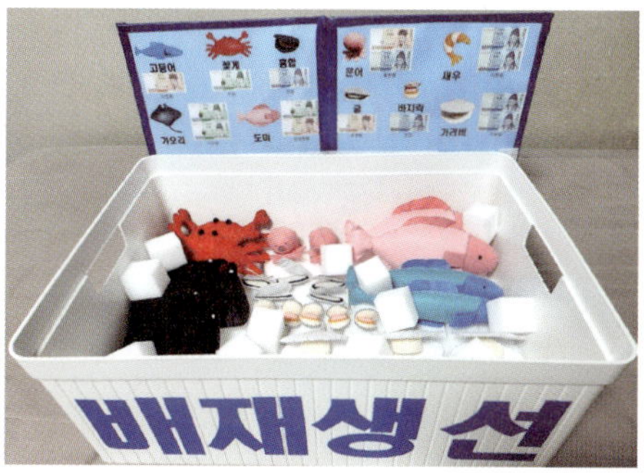

[활동방법]

1. 해산물 교구들을 스펀지가 담긴 박스 안에 진열하고, 가격표는 박스 뒤에 붙인다.
2. 자유롭게 손님과 생선가게 주인으로 역할을 나누어 놀이를 진행한다.

12 병을 쓰러뜨리자

[활동방법]

1. 볼링핀 6개를 세워둔다.
2. 먼저 공을 굴릴 순서를 정한다.
3. 공을 굴린다.
4. 핀을 더 많이 쓰러뜨린 유아가 이긴다.

13 우리 집을 지어요

[활동방법]

1. 어떤 집을 지을지 구상한다.
2. 바닥 판(상자 뚜껑)에 블록을 이용하여 집을 만든다.

14 겨울 간식 사세요

[활동방법]

1. 가게 주인과 손님으로 역할을 나눈다.
2. 손님은 군고구마, 군밤의 개수와 종류를 말한다.
3. 가게 주인은 손님의 요구대로 군고구마와 군밤을 준비하여 봉투에 넣는다.

15 도시락을 만들어요

[활동방법]

1. 손님은 가게에 와서 원하는 도시락 재료의 수를 말하고 음식을 말한다.
2. 가게의 주인은 손님의 주문을 받고 주문에 맞게 도시락을 만든다.
3. 손님은 주문에 맞는 도시락을 받은 후 돈을 지불한다.

16 나를 찾아 주세요

[활동방법]

1. 유아 1명당 육각 동물그림자 판을 갖는다.
2. 가위바위보로 주사위 순서를 정한다.
3. 주사위를 굴려 나온 것을 동물그림자와 서로 유추하여 동물인형과 이름을 찾아 부착한다.

17 알록달록 블록 쌓기

[활동방법]

1. 블록 쌓기 예시 모양을 따라 해본다.
2. 자유롭게 블록을 쌓아본다.

18 세계 여러 나라 집 퍼즐

[활동방법]

1. 알래스카에 해당하는 펠트를 도안대로 붙여본다.
2. 게르에 해당하는 펠트를 도안대로 붙여본다.
3. 네덜란드에 해당하는 펠트를 도안대로 붙여본다.
4. 태국에 해당하는 펠트를 도안대로 붙여본다.

19 소풍을 떠나요

[활동방법]

1. 피크닉 바구니에서 돗자리를 꺼내 펼친다.
2. 돗자리에 유아들이 둘러 앉는다.
3. 유아들이 접시와 포크를 나누어 가지고 도시락을 꺼내 역할극 놀이를 한다.
4. 놀이가 끝난 후 도시락을 정리하고 바구니에 넣어 마무리한다.

20 너도나도 테트리스

[활동방법]

1. 순서를 정하고 번갈아 가며 주사위를 굴린다.
2. 주사위를 굴려 나온 숫자만큼 말을 움직인다.
3. 움직인 말이 있는 칸의 테트리스 블록을 확인하고 자신의 테트리스 판에 옮긴다.
4. 테트리스 판을 가장 많이 채우는 유아가 승리한다.

21 세계 여러 나라의 음식가게

[활동방법]

1. 가판대에서 세계 여러 나라의 음식을 판매한다.
2. 다른 유아가 메뉴판을 보고 돈 교구를 이용해 음식을 주문한다.
3. 주문을 받은 유아가 세계 여러 나라의 음식을 집게를 이용해 포장 용기에 담아 유아에게 건네주고 계산하여 돈을 받는다.
4. 다른 유아는 세계 여러 나라 음식을 먹는 것처럼 놀이한다.

22 포도알 채우기

[활동방법]

1. 2명 이상의 유아가 순서를 정하고 포도판을 나누어 가진다.
2. 주사위 3개를 굴려 나온 숫자들을 더하거나 빼준다.
3. 나온 숫자만큼 포도알을 게임판에 채워준다(채우면서 칸 안에 있는 숫자를 외친다).
4. 먼저 포도알을 다 채운 유아가 이긴다.

23 줄을 당겨 입체도형 만들기

[활동방법]

1. 그림과 색칠을 하여 꾸민다.
2. 각 해당 전개도마다 노끈을 당겨 기둥을 만든다.

24 장난감 가게

[활동방법]

- 장난감 가게 주인과 손님으로 역할을 나누어 장난감을 사고 파는 놀이를 한다.

25 폴짝폴짝 개구리

[활동방법]
1. 개구리가 붙은 자석을 밑으로 당긴다.
2. 개구리가 자석의 성질에 의해 높이 뛰는 모습을 관찰한다.
3. 자석을 당기는 힘에 따라 튀어오르는 정도의 차이를 눈금을 통해 비교, 관찰한다.

26 자석으로 테이블 축구를 해보아요

[활동방법]
1. 3분 스톱워치 start를 누르고 게임을 진행한다.
2. 골을 넣을 때마다 축구공 자석을 자기 판에 붙인다.
3. 소리가 나면 경기를 멈춘다. 골을 제일 많이 넣은 사람이 이긴다.

27 놀이공원 푸드트럭

[활동방법]
1. 가게 주인과 손님으로 역할을 나누어 가게 놀이를 한다.
2. 가게 주인은 간식 가격을 정해 매직으로 메뉴판에 적는다.
3. 손님은 사고 싶은 간식의 이름과 개수를 주인에게 말한다.
4. 주인은 간식을 개수만큼 가져와 계산기로 계산한다.
5. 손님은 금액에 맞는 돈을 내고 간식을 받는다.

부록 2

2019 개정 누리과정의 영역별 내용

1. 신체운동·건강 영역

2019 개정 누리과정의 신체운동·건강 영역의 목표와 내용은 다음과 같다.

1. 목표

실내외에서 신체활동을 즐기고, 건강하고 안전한 생활을 한다.

1) 신체활동에 즐겁게 참여한다.
2) 건강한 생활습관을 기른다.
3) 안전한 생활습관을 기른다.

2. 내용

내용 범주	내 용
신체활동 즐기기	신체를 인식하고 움직인다.
	신체 움직임을 조절한다.
	기초적인 이동 운동, 제자리 운동, 도구를 이용한 운동을 한다.
	실내외 신체활동에 자발적으로 참여한다.
건강하게 생활하기	자신의 몸과 주변을 깨끗이 한다.
	몸에 좋은 음식에 관심을 가지고 바른 태도로 즐겁게 먹는다.
	하루 일과에서 적당한 휴식을 취한다.
	질병을 예방하는 방법을 알고 실천한다.
안전하게 생활하기	일상에서 안전하게 놀이하고 생활한다.
	TV, 컴퓨터, 스마트폰 등을 바르게 사용한다.
	교통안전 규칙을 지킨다.
	안전사고, 화재, 재난, 학대, 유괴 등에 대처하는 방법을 경험한다.

2. 의사소통 영역

2019 개정 누리과정의 의사소통 영역의 목표와 내용은 다음과 같다.

1. 목표

일상생활에 필요한 의사소통 능력과 상상력을 기른다.

1) 일상생활에서 듣고 말하기를 즐긴다.
2) 읽기와 쓰기에 관심을 가진다.
3) 책이나 이야기를 통해 상상하기를 즐긴다.

2. 내용

내용 범주	내 용
듣기와 말하기	말이나 이야기를 관심 있게 듣는다.
	자신의 경험, 느낌, 생각을 말한다.
	상황에 적절한 단어를 사용하여 말한다.
	상대방이 하는 이야기를 듣고 관련해서 말한다.
	바른 태도로 듣고 말한다.
	고운 말을 사용한다.
읽기와 쓰기에 관심 가지기	말과 글의 관계에 관심을 가진다.
	주변의 상징, 글자 등의 읽기에 관심을 가진다.
	자신의 생각을 글자와 비슷한 형태로 표현한다.
책과 이야기 즐기기	책에 관심을 가지고 상상하기를 즐긴다.
	동화, 동시에서 말의 재미를 느낀다.
	말놀이와 이야기 짓기를 즐긴다.

3. 사회관계 영역

2019 개정 누리과정의 사회관계 영역의 목표와 내용은 다음과 같다.

1. 목표

자신을 존중하고 더불어 생활하는 태도를 가진다.

1) 자신을 이해하고 존중한다.
2) 다른 사람과 사이좋게 지낸다.
3) 우리가 사는 사회와 다양한 문화에 관심을 가진다.

2. 내용

내용 범주	내 용
나를 알고 존중하기	나를 알고 소중히 여긴다.
	나의 감정을 알고 상황에 맞게 표현한다.
	내가 할 수 있는 것을 스스로 한다.
더불어 생활하기	가족의 의미를 알고 화목하게 지낸다.
	친구와 서로 도우며 사이좋게 지낸다.
	친구와의 갈등을 긍정적인 방법으로 해결한다.
	서로 다른 감정, 생각, 행동을 존중한다.
	친구와 어른께 예의 바르게 행동한다.
	약속과 규칙의 필요성을 알고 지킨다.
사회에 관심 가지기	내가 살고 있는 곳에 대해 궁금한 것을 알아본다.
	우리나라에 대해 자부심을 가진다.
	다양한 문화에 관심을 가진다.

4. 예술경험 영역

2019 개정 누리과정의 예술경험 영역의 목표와 내용은 다음과 같다.

1. 목표

아름다움과 예술에 관심을 가지고 창의적 표현을 즐긴다.

1) 자연과 생활 및 예술에서 아름다움을 느낀다.
2) 예술을 통해 창의적으로 표현하는 과정을 즐긴다.
3) 다양한 예술 표현을 존중한다.

2. 내용

내용 범주	내 용
아름다움 찾아보기	자연과 생활에서 아름다움을 느끼고 즐긴다.
	예술적 요소에 관심을 갖고 찾아본다.
창의적으로 표현하기	노래를 즐겨 부른다.
	신체, 사물, 악기로 간단한 소리와 리듬을 만들어 본다.
	신체나 도구를 활용하여 움직임과 춤으로 자유롭게 표현한다.
	다양한 미술 재료와 도구로 자신의 생각과 느낌을 표현한다.
	극놀이로 경험이나 이야기를 표현한다.
예술 감상하기	다양한 예술을 감상하며 상상하기를 즐긴다.
	서로 다른 예술 표현을 존중한다.
	우리나라 전통 예술에 관심을 갖고 친숙해진다.

5. 자연탐구 영역

2019 개정 누리과정의 자연탐구 영역의 목표와 내용은 다음과 같다.

1. 목표

탐구하는 과정을 즐기고, 자연과 더불어 살아가는 태도를 가진다.

1) 일상에서 호기심을 가지고 탐구하는 과정을 즐긴다.
2) 생활 속의 문제를 수학적, 과학적으로 참구한다.
3) 생명과 자연을 존중한다.

2. 내용

내용 범주	내 용
탐구 과정 즐기기	주변 세계와 자연에 대해 지속적으로 호기심을 가진다.
	궁금한 것을 탐구하는 과정에 즐겁게 참여한다.
	탐구과정에서 서로 다른 생각에 관심을 가진다.
생활 속에서 탐구하기	물체의 특성과 변화를 여러 가지 방법으로 탐색한다.
	물체를 세어 수량을 알아본다.
	물체의 위치와 방향, 모양을 알고 구분한다.
	일상에서 길이, 무게 등의 속성을 비교한다.
	주변에서 반복되는 규칙을 찾는다.
	일상에서 모은 자료를 기준에 따라 분류한다.
	도구와 기계에 대해 관심을 가진다.
자연과 더불어 살기	주변의 동식물에 관심을 가진다.
	생명과 자연환경을 소중히 여긴다.
	날씨와 계절의 변화를 관련짓는다.

참/고/문/헌

강은진(2019). 개정 누리과정 놀이중심교육의 현장적용을 위한 준비. 한국열린유아교육학회 2019년 추계학술대회 자료집, 71-77.

교육부·보건복지부(2019). 2019 개정 누리과정 해설서.

김영옥(2014). 유아인성교육의 이론과 실제. 경기 : 공동체.

박은혜·김희진·성원경·이성희·박선혜(2021). 영유아교육과정. 서울 : 창지사.

박찬옥·서동미·곽현주·박성희·한남주·홍찬의(2020). 2019 개정 누리과정을 반영한 유아교육과정. 경기 : 정민사.

서유헌(2001). 천재 아이를 원한다면 따뜻한 부모가 되라. 서울 : 문학과 의식.

______(2005). 나는 두뇌 짱이 되고 싶다. 서울 : 랜덤하우스중앙.

이대균(2022). 행복한 유아를 꿈꾸는 유아교육과정. 경기 : 공동체.

이대균·송정원(2020). 교재·교구 연구 및 지도. 경기 : 양서원.

이병래·나성식·박용석·이대균(2014). '행복한 삶'을 위한 '관계지향' 유아교육의 방향과 과제. 2014년 한국열린유아교육학회 춘계학술대회 자료집, 31-51.

이원영(2014). '행복한 삶'을 위한 관계지향 유아교육. 2014년 한국열린유아교육학회 춘계학술대회 자료집, 15-28.

임부연·곽승주·권혜진·김성숙·서보순·손은실·신은미·연희정·염지숙·오채선·윤민아·이경화·이연선·이현진·장혜진·정선아(2021). 유아·놀이중심 유아교육과정. 경기 : 공동체.

정진곤(2013). 교육과 행복-행복한 삶을 위한 교육, 실현 가능성 탐색-. 한국유아교육학회 2013년 정기학술대회 자료집.

캐롤 하트(2010, 최명희 역). 세로토닌의 비밀. 서울 : 미다스북스.

Hilty, C.(2007, 박현석 역). 카알 힐티 행복론. 서울 : 예림미디어.

Nash, J. M.(1997). Fertile Minds. Time, 29-36.

Seligman, M. E. P.(2009, 김인자 역). 긍정심리학. 서울 : 물푸레.

저/자/소/개

이대균

서울교육대학교
중앙대학교 대학원 유아교육학과 석사
중앙대학교 대학원 유아교육학과 박사
전, 한국어린이문학교육학회 회장
전, 한국열린유아교육학회 회장
현, 배재대학교 유아교육과 교수
DBpia 논문이용 수 기준 TOP 0.1%

〈저서〉
유아문학교육
영유아언어교육
유아교사를 위한 교직실무
보육과정
자유선택활동의 효율적 운영
질적 연구방법의 이해
유아교육개론
유아교육과정
영유아교사론
부모교육
유아교육철학
영유아교육(전공의 이해)

유아의 주도성, 놀이성, 표현력 신장을 위한

유아 교재·교구 연구 및 지도

| **저자** | 이대균

| **1판 1쇄** | 발행 2024년 9월 1일

| **발행인** | 김동훈
| **펴낸곳** | 공동체

| **주소** | 경기도 고양시 일산동구 호수로 358-39, 동문타워 1차 905호(백석동)
| **전화** | 031)814-3000(대표)
| **팩스** | 031)814-3100
| **홈페이지** | www.compub.co.kr
| **전자우편** | compub@naver.com
| **출판등록** | 2005년 10월 6일
| **등록번호** | 제396-2005-36호

| **ISBN** | 979-11-6725-794-9
정가 22,000원